经管文库·管理类

前沿·学术·经典

企业社会责任对
投资效率影响研究

RESEARCH ON THE IMPACT OF CORPORATE
SOCIAL RESPONSIBILITY ON INVESTMENT
EFFICIENCY

齐殿伟 包全永 刘 智 著

经济管理出版社
ECONOMY & MANAGEMENT PUBLISHING HOUSE

图书在版编目（CIP）数据

企业社会责任对投资效率影响研究/齐殿伟，包全永，刘智著.—北京：经济管理出版社，2023.11

ISBN 978-7-5096-9486-2

Ⅰ.①企⋯　Ⅱ.①齐⋯　②包⋯　③刘⋯　Ⅲ.①企业责任—社会责任—影响—投资效率—研究　Ⅳ.①F272-05

中国国家版本馆 CIP 数据核字（2023）第 229086 号

组稿编辑：赵天宇
责任编辑：赵天宇
责任印制：许　艳
责任校对：张晓燕

出版发行：经济管理出版社
　　　　　（北京市海淀区北蜂窝 8 号中雅大厦 A 座 11 层　100038）
网　　址：www.E-mp.com.cn
电　　话：（010）51915602
印　　刷：唐山玺诚印务有限公司
经　　销：新华书店
开　　本：720mm×1000mm/16
印　　张：13.25
字　　数：218 千字
版　　次：2023 年 12 月第 1 版　　2023 年 12 月第 1 次印刷
书　　号：ISBN 978-7-5096-9486-2
定　　价：88.00 元

目　录

第一章

绪　论

第一节 研究背景及意义

一、研究背景

目前，我国正迈向高质量发展阶段，以往那种"粗放型"的发展观念被抛弃，高质量的发展思想逐渐根植于人们的心中。根据政府相关部门数据，2021年我国 GDP 为 114 万亿元，增速达 8.1%，固定资产投资总额接近 54 万亿元，同比增长 4.9%。从以上数据可以看出，投资作为我国经济发展的动力引擎，其贡献是非常巨大的。企业投资效率是企业重要的非财务性指标，它在企业实现价值最大化的过程中起着重要作用。投资是当代企业日常经营管理时的核心内容，投资非效率往往会浪费企业资源，进而提升隐性成本，投资效率高则可以从多维度为企业带来收益，从而提升企业的市场价值。然而，在现实中，企业投资非效率的现象比较普遍，使企业的可持续性发展以及整体价值都受到了影响，同时也影响到整个经济社会的良性发展。近些年来，投资质量存在的问题使投资发挥的作用与预期不符。企业作为投资的核心主体，其投资效率的高低不仅对企业自身的发展有着重要影响，也会对我国整体投资质量产生重要影响。投资效率低会浪费企业的资源，甚至导致企业亏损，投资效率高会使企业获取超出预期的收益，对企业发展起着积极的作用，因此重视投资效率对企业来说变得十分重要。对影响投资效率的因素进行深入分析探讨，有助于提高企业的投资效率，这也是高质量发展的内在要求。因此，企业的投资效率问题已经引起理论界的广泛重视。

企业社会责任（Corporate Social Responsibility，CSR）是指企业在发展过程中承担的环境、法律、慈善等各方面的责任，也是企业所必须承担的责任。企业社会责任在我国研究的时间比较长，形成了具有中国特色的研究理论与实践成果。尤其是 20 世纪 90 年代以来，国内学术界就对社会责任及其信息披露进行了大量的研究，并逐步形成了具有中国特色的社会责任理论体系。如今，企业履行社会责任在我国的经济建设中发挥着越来越重要的作用，已成为国家和企业的一项重要核心任务。我国召开的重要会议都反复强调了社会责任的重要性：在党的十八届四中全会上，第一次提出了"加强企业社会责任立法"；在党的十八届五中全会上，进一步明确了"增强国家意识、法治意识、社会责任意识"；党的十九大报告提出要"强化社会责任意识、规则意识、奉献意识"；党的二十大报告提出"推动经济社会发展绿色化、低碳化是实现高质量发展的关键环节"。在这个过程中，企业主动披露社会责任信息具有重大的意义，这不仅是企业履行社会责任的一种主要手段，也是企业的利益相关者衡量社会责任绩效、优化管理决策的重要途径。迈入 21 世纪，社会公众意识的提高使企业社会责任越来越被人们所关注。特别是我国迈入高质量发展阶段，社会各界不仅关注企业是否履行社会责任，也越发关注履行的质量。党的二十大报告强调：推动经济社会发展绿色化、低碳化是实现高质量发展的关键环节。如今，经济的飞速发展已不再是唯一目标，我国开始更多地追求绿色、可持续的发展。在此背景下，企业就需要更加高水平地履行社会责任，将社会公众的利益纳入考虑范围，并进行真实、可靠的社会责任信息披露工作。企业披露社会责任信息不仅是本企业履行责任的体现，也是企业价值观的传递，有助于利益相关者了解企业相关情况，以推动市场经济以及社会的发展。此外，国家和社会各界对企业社会责任信息披露的质量也有了更高要求。在此背景下，政府有关部门根据我国当前的发展状况，出台了一系列政策制度和法规，来指导并强化企业对社会责任有关的信息进行披露。2006 年发布的《深圳证券交易所上市公司社会责任指引》规定，上市公司应根据该准则对企业社会责任履行情况进行定期评价，并自愿进行社会责任报告的披露。随后，上海证券交易所也于 2008 年颁布了《关于加强上市公司社会责任承担工作暨发布〈上海证券交易所上市公司环境信息披露指引〉的通知》。在国家与社会都日益重视的背景下，我国企业有责任也有义务积极履行社会责任并进行社会责任信息披露，助力国家和社会的绿色可持续发展。企业履行社会责任是指企业在为所有者利益负责的同时，要兼顾员工、债权人和社会大众等与企业有关的各方的权益。2017年，国家税务总局对《中华人民共和国企业所得税》进行了修改，修改后的方案规定企业若能积极履行社会责任，就可以享受税收优惠。2021年，我国颁布《中共中央 国务院关于完整准确全面贯彻新发展理念做好碳达峰碳中和工作的意见》，这表明我国越发重视企业对社会责任的履行，并在一定范围内给予企业支持。此外，企业在发展过程中也逐渐意识到，履行社会责任并非一种单方面的奉献，而是一种对自身有益的行为。因此，通过对企业履行社会责任所能引起的绩效提升进行分析，可以促进其积极、主动地承担起社会责任。企业社会责任建设在我国党和政府工作中处于重要地位，它关系到人们的幸福生活，也关系到社会的健康和可持续发展。

国外政府和组织也非常重视企业社会责任的履行，出台了许多相关的标准、法律条文和制度法规，以期为企业提供良好的制度环境，引导企业自觉主动地履行社会责任。1997年，社会责任标准"SA8000"问世，这套国际标准侧重于对企业的道德责任做出规范，它的目标是确保企业生产的产品符合社会责任标准。2010，社会责任指南标准（ISO26000）出台，从2004年准备编制到2010年正式发布，ISO26000经历了漫长的修改与完善。ISO26000作为指导类文件，为全球各类组织社会标准的制定和衡量提供了参考。

随着碳达峰、碳中和目标的提出，可持续发展已被视为当今中国政府的首要职责，同时绿色低碳是实现这一目标的关键所在。环境、社会和公司治理（Environmental，Social and Governance，ESG）作为一种主要的评价标准和投资理念，旨在获得公司除财务信息以外的绩效表现，符合绿色、可持续的新发展理念。ESG信息披露是指公司以单独报告或综合报告的形式向用户提供与过去环境、社会和公司治理成就或困难相关的信息的过程。其中，环境（Environmental，E）包括节能、减排、减少污染和缓解气候变化等方面；社会（Social，S）涵盖保护工人权利和职业发展、产品质量和安全、保护消费者权利和维护公共关系等方面；治理（Governance，G）涵盖商业道德、控制制度、董事会结构、薪酬制度、反腐败措施和监督制度等方面。从发展角度看，ESG所涵盖的内容从社会责任开始，逐步扩展到环境保护和公司治理，是一个随着具体社会问题的发生和暴露，积极寻求方案，不断吸取经验教训的完善过程。早在19世纪，酒精、烟草、赌博、军火等内容就被一些宗教、社会团体排除在投资范围之外，这种主动剔除备选项目和行业的做法构成了投资的伦理维度，也是社会责任产生的原因所在。20世纪末，环境污染问题日益突出，环境保护逐渐被政府部门或管理当局所关注，这时对环境的影响也被纳入对一个企业的考察范围。21世纪初，发达国家财务造假丑闻频发，公司治理作为一个新的维度被引入投资决策。ESG信息是责任投资的基础，通过标准化和有可比性的ESG信息才能为投资者提供有效的决策依据，从而提高资源配置的效率。企业ESG信息披露是一个机会和杠杆，有助于公司关注和管理其社会和环境影响；从长远来看，ESG披露将对促进我国企业加强技术创新、履行社会承诺和改善公司治理发挥积极作用。

ESG原则已逐渐嵌入当今国际社会，引领着企业的经营战略和投资决策的制定。上市公司和关联企业披露ESG相关信息已成为资本市场的大势所趋。ESG投资是指投资者将环境、社会和治理等非财务因素纳入投资决策的过程。在人类面对气候变化的重大挑战与我国提出碳达峰、碳中和目标的背景下，ESG投资理念在我国逐渐加速普及，成为学术界、政府部门以及金融业、能源行业等领域关注的重点。尽管体系化的"ESG投资"近年来才活跃起来，但实际上，与ESG相关的绿色转型、社会责任和企业治理等问题一直是党的十八大以来中国经济发展的重要议题。在我国新发展格局下，ESG关于环境改善、社会发展及公司内部治理完善的基本理念，与双碳战略目标高度一致。通过践行ESG理念，可引导企业贯彻落实绿色发展理念，推动企业实施绿色转型，对实现我国碳达峰、碳中和目标具有积极的推动作用。此外，绿色发展、环境保护等是ESG投资的核心领域，随着ESG投资逐步成熟，可为"双碳"目标实现提供大量资金供给，构建良性发展生态。ESG概念由国外机构首次研究提出，由于我国经济体制、发展水平及政策执行方面与其他国家存在较大差异，因此需结合我国特色开展ESG体系建设。目前，国内学者开展了大量关于ESG基本框架及指标体系研究，为我国ESG制度建设和ESG评级体系标准的完善提供了坚实的理论基础。此外，随着我国 ESG 投资与国际市场联系日益密切，国外 ESG 体系建设的先进经验将被充分借鉴，国内评级机构亦将更多地参与 ESG 行业准则制定，逐步探索出符合我国社会责任价值的 ESG 发展之路。

企业履行社会责任近年来广泛受到关注，随着企业社会责任意识的提升，更多的企业去探究履行社会责任为企业带来的有利影响。企业履行社会责任能够使企业受到投资者以及合作伙伴青睐的机会加大，增强企业融资能力，减少面对投资机会时由于资金不足而产生的投资非效率；企业社会责任的履行也能使企业短期内部现金流降低，以此降低管理层滥用现金的可能性，减少代理成本，并且更加公开的企业社会责任信息也会使企业进行投资决策时受到更多监督，使投资效率提高；企业社会责任履行也能够对外传递出企业对自身发展很有信心的信号，使投资者更加愿意增加投资，提高投资效率；企业积极履行社会责任会促使企业多发现金股利，现金股利的发放可以降低企业内部现金剩余，减少代理问题，并向外界传递企业长期增值的信息，降低融资约束，从而提升企业投资效率。企业积极承担社会责任，一方面增加了投资者对企业的信心，使企业和投资者之间在信息获取上的差异得以缩小，最终可以让企业更容易地获取资金，不会因资金短缺问题而错失好的投资项目，进而缓解企业投资不足。另一方面，企业社会责任的履行是一种重要的公司治理表现，并使委托问题得到缓解。在公司管理层与股东发生利益冲突时，公司的管理层会因自身的利益进行过度的投资，公司履行社会责任可以起到很好的监督作用，使管理层约束自身的行为，减少公司的过度投入。因此，企业履行社会责任能提升企业的投资效率。而融资约束作为外部利益相关者了解公司经营情况和缩小信息获取差异的一种方式，在企业社会责任对投资效率影响方面发挥的中介作用也是不容忽视的。

融资约束作为企业社会责任影响投资效率的因素，在两者关系中所起到的作用也是值得注意的。产生融资约束的主要原因是信息不对称和代理问题，而履行社会责任可以很好地解决这些问题，缓解融资约束。企业高质量地履行社会责任，增加外部人员与企业之间的交流，可以缩小两者信息获取上的差异，降低信息不对称，缓解融资约束。并且企业履行社会责任能够向外界传达积极信息，这样有利于树立企业自身的形象和建立良好的品牌力，让外界投资人更容易相信企业，减少企业的资金缺口问题。

企业的投资决策不可避免地会受到融资约束的影响，因为企业的投资永远离不开资金。对于许多企业来说，仅靠企业内部资金无法支撑企业的发展。因此，如何通过获取外部资金来助力企业发展是许多企业需要考虑的重要问题。

以上分析表明，企业社会责任可以提升投资效率，而且融资约束起到了传导作用。本书以融资约束为中介变量进行实证研究，探讨企业社会责任对投资效率的影响，验证融资约束是否可以起到部分中介作用，考虑到产权性质不同，企业社会责任对融资约束、对投资效率以及三者之间的关系所发挥的作用也并不相同。因此，依据产权性质对企业进行分组分析，进而得出相关结论，并在此基础上给政府和企业提供相关建议。

审计质量与融资约束作用类似，也是作为外部利益相关者了解公司经营情况和缩小信息获取差异的一种方式，审计质量能够影响利益相关者的决策行为。这主要表现在两个方面：一方面，企业社会责任的履行和社会责任信息的披露有利于企业树立自身形象，以便建立良好的品牌竞争力，这样会使审计师更容易信赖企业，减少企业的资金缺口问题。另一方面，企业的投资决策也会受到不同审计质量的影响。这是因为，上市公司的审计结果会对投资人和债权人产生影响。资金作为企业能够持续经营和发展的关键影响因素，如何获取资金来助力企业发展是企业维持长期稳定发展的核心问题。

基于上述分析，企业履行社会责任可以提升投资效率，而且审计质量起到了传导作用，本书同时对审计质量作为中介变量进行实证研究，探讨企业履行社会责任对投资效率的影响，验证审计质量是否可以起到中介作用，从而验证以上结论，并为政府和企业提供相关建议。

综上所述，本书将分别研究融资约束和审计质量这两个外部变量在企业履行社会责任对投资效率的影响中的中介作用，进而激励企业履行社会责任，缓解融资约束，提升审计质量，以提升投资效率。同时，对企业社会责任发展的新的形式，ESG通过审计质量和融资约束对提升企业价值的促进作用进行实证分析，进而提升企业最终的价值，以促进整个社会的绿色可持续发展。

二、研究意义

1. 理论意义

从目前情况来看，学者们对投资效率的影响因素研究更多的是从财务因素角度研究，较少从非财务因素角度进行研究。当前，我国处于高质量发展阶段，社会各界对企业投资效率问题更为关注，如何有效地提高企业的投资效率成为当前研究的热点问题。在这一背景下，本书对融资约束和审计质量在企业社会责任对投资效率的影响中的传导作用——中介作用进行研究，具有重要的理论意义：本书的研究可以拓宽企业社会责任和投资效率二者关系的研究思路和研究路径。作为非财务因素，研究企业社会责任对投资效率的影响，为如何更好地提高投资效率提供了新方法，也丰富了非财务因素对投资效率影响的研究；在企业社会责任和投资效率两者关系的研究中，考虑加入审计质量和融资约束变量，拓宽了已有研究的影响机制和路径。

在继续研究中发现，一方面，社会公众对于 ESG 表现的关注度逐渐提高，国外学者有关企业 ESG 表现与企业价值的关系研究较多，但是并未形成统一的结论。而国内学者大多数研究 ESG 表现的每一个维度对企业价值的影响关系，较少有学者去研究 ESG 整体对企业价值的影响。另一方面，丰富了 ESG 表现对企业价值的影响机制研究。本书对 ESG 的整体表现与企业价值之间的关系进行实证分析，并在此基础上以较为新颖的视角选择融资约束与审计质量作为中介变量，这在 ESG 与企业价值关系研究领域中很少有学者涉及，同时，也重点考察了异质性下二者关系的差异，丰富、拓展了该领域的理论研究。

2. 现实意义

本书的研究除了具有重要的理论意义，也具有重要的现实意义，主要表现在以下三个方面：

第一，加强企业社会责任履行，积极披露 EGS 相关的非财务信息，可以提高企业提升价值创造的积极性，进而促进整个社会的可持续发展。由于我国企业履行社会责任发展是不平衡的，同时发展还不够完善，所以我国企业应该加强社会责任履行，披露有关 ESG 相关信息。从企业发展的历程来看，企业在发展初期往往只注重短期经济效益，发展到后期会逐渐重视长远的利益，同时注重履行社会责任，披露社会责任信息。基于此，通过本书的研究，企业履行社会责任可以通过融资约束和审计质量两种传导方式来提升投资效率，更容易使企业认同社会责任感，有助于企业高水平地履行社会责任。企业积极履行 ESG 表现也可以通过缓解融资约束和提高审计质量两种传导方式提升企业价值。

第二，在政府层面，我国和西方国家的制度不同，我国政府可以出台相关的政策和制度，鼓励企业积极履行社会责任，披露 ESG 相关非财务信息，同时强制一些重污染企业披露社会责任和环境信息。随着经济社会的发展，我国一些关于企业履行社会责任、进行 ESG 信息披露的政策还有完善的空间，还未能发挥出应有的作用。本书的研究可以为政府出台相关履行社会责任的政策及完善 ESG 披露制度的政策提供一些参考。

第三，在投资者方面，投资者与经理人往往会因为信息获取上的差异做出逆向选择的行为，而且还会因为代理问题使经理人做出存在道德风险的行为，特别是我国的资本市场建立较晚，发展还不够完善，这两种行为就较容易发生。因此，企业积极披露 ESG 相关信息可以减少此类现象的发生，缓解融资约束，以提升审计质量，帮助投资者做出更好的选择，防止职业经理人做出有违道德的行为，降低投资风险和道德风险，进而促进企业高质量发展。

第二节　国内外研究现状

一、国外研究现状

1. 企业履行社会责任对企业投资效率的影响研究

企业社会责任一词最早是由 Sheldon 提出的，自提出起就引起国内外学者的高度关注，学者们对企业社会责任如何履行以及企业社会责任履行对企业价值的影响等方面进行了深入研究。

近年来，国内外学者更为关注企业是否能够履行其社会责任，并探讨其对投资效率的影响。Khediri 利用西欧企业层面的数据验证企业社会责任与投资效率的正相关关系，进一步发现企业社会责任对投资效率的影响是由人力资源、商业行为、公司治理和人权等领域驱动的。Lin Y E 等从企业战略的角度出发，发现企业社会责任可以提升投资效率，企业战略对企业社会责任与投资效率的关系起到调节作用。Samet 和 Jarboui 对企业社会责任与投资效率的关系进行了研究，发现企业履行社会责任水平越高，对投资效率的正向促进作用效果越好。Anwar Rehana 等从利益相关者的角度出发，研究企业社会责任报告披露对投资效率的影响，发现高品质的企业社会责任报告能够提高企业投资效率，且持续性的社会责任信息披露对投资效率的提升效果会更好，而非持续性披露反而会对公司不利。Kirsten 等认为，企业社会责任对公司的价值有很大的影响，主要体现在投资效率和创新两个方面。以上研究发现，社会责任表现较高的企业更不倾向于投资净现值为负的项目，更不愿意放弃投资净现值为正的项目，其投资效率也会更高。

2. 企业履行社会责任对审计质量的影响研究

国外对企业履行社会责任与审计质量关系的专门研究数量不多，学者们大多基于公司经营的视角探讨和阐述企业社会责任履行对审计质量的影响。Ryu Haeyoung 等（2021）考察了韩国审计委员会财务专业知识在韩国企业社会责任与高水平企业社会责任盈利质量之间关系中的作用，发现当公司审计委员会中存在基于道德行为动机的注册会计师时，通过操控性应计利润进行的盈余管理将受到更严格的控制。这一发现暗示着审计委员会在提高企业社会提升责任信息披露质量方面发挥着积极作用。来自南非的经验证据表明，独立审计提高了企业社会责任信息披露的可信度，为利益相关者提供了对企业社会责任披露真实性的信心，并试图改善公司虚报其企业社会责任表现的风险。Sami Bacha 等（2020）通过研究 2005~2016 年法国非金融公司的样本数据，发现能够感知到的或真实的审计质量、企业社会责任绩效与更低的债务成本相关联。

3. 审计质量对企业投资效率的影响研究

在有关审计质量对企业投资效率影响的关系研究中，现有研究大多从是否产生经济后果的角度进行研究，围绕审计质量对企业投资效率的研究还有更大的空间。Pintekova A（1972）对 10 余家在社会责任表现方面良好的企业进行声誉指数法的实验，研究发现企业社会责任履行水平与股价呈正相关关系。Achour Z（2022）研究公司的社会责任履行和财务业绩的关系，结果表明，公司履行的状况越好，会使公司的财务绩效表现越好。Cascino S 等（2001）指出，高质量的审计对财务报表的可信度有着积极作用，有助于增强使用者对财务报表信息的信心，缩小投资者在信息获取上的差异，使投资者在投资时更为理性，避免出现逆向选择。另外，国外也有学者从资源观出发，例如，Isabel（2011）研究发现，企业的研究经费会受到企业履行社会责任水平的影响，企业投入得越多，履行社会责任的水平就越高，但这样会影响企业的研究经费，从而影响企业投资不足的情况。

4. 企业履行社会责任对融资约束的影响研究

目前，国内外很多学者对企业社会责任履行及其信息披露进行了大量研究。事实证明，融资约束可以被企业履行社会责任所缓解。Myers S C 和 Majluf N（1984）认为，在现实市场中，外部投资者由于获取信息的不完整而无法做出合理的判断，会对企业缺乏信任，从而使企业的融资成本增加，使企业面临资金筹措难的问题。Chen B 和 Zhang A（2021）研究发现企业与投资者之间在信息获取的数量和质量上存在差异，选择履行社会责任可以增加企业与投资者之间的交流，降低这种差异，可以增强投资者对企业的信心，降低企业的预期经营风险，投资者会获取较低报酬为企业提供资金。Li Y 等（2021）认为，企业履行社会责任在一定程度上能够增强外部投资者的信心，最终可以使企业在银行等债权人那里获得更多的融资。Kim 等（2019）认为公司对社会责任感的认同越高，其对伦理、道德就会有着越高的要求，公司对于自己的经营活动做出的限制就会更多，进行盈余管理的概率也会降低。因而，投资者对此类公司的信任程度较高，对其进行融资的外部融资机构，如银行等，更愿意提供资金支持。Blumberg（2018）通过研究发现，要想提高企业自身的效益和声誉，履行社会责任对企业而言不失为一个良好的选择。此外，企业履行社会责任水平越高，就会使企业筹措资金的成本也越来越低，进而会降低企业的融资约束。

5. 融资约束对企业投资效率的影响研究

在企业的投资效率与融资约束关系的研究中，国外的学者认为，企业面临的融资约束程度对企业的投资行为也有不同的影响。企业一旦面临融资瓶颈，很多项目就难以得到资金支持，只能放弃这些好的投资机会，这样企业的投资效率就很难达到最优化。Fazzari 等（1988）认为，外部投资者会因为没在企业担任职务而在信息获取上与管理者存在差异，对企业在经营状况、盈利等方面的信息无法准确掌握，出于对风险的考虑，他们不愿意对企业进行更多的投资，因此企业的许多投资更多依靠内部资金，会使企业面临外部资金的约束，使企业投资效率不能最大化。Denis（2011）等在研究中提及，企业在资金紧张的时候，会更加珍惜所持有的资金，现金的边际价值得以提升，企业不会盲目进行投资，这会约束企业的过度投资行为。Luo H R 等（2021）指出，为了保持业务的健康发展，面临资金约束的企业选择价值更高的投资项目，从而提高投资效率。Kaleem 和 Ying（2017）等研究金融发展水平对企业投资效率的影响，根据资金限制和代理费用的高低，将公司划分为 4 类情况，结果表明：金融发展水平越好，企业越容易获取外部资金，对自身现金流的依赖也会越低，在面对好的投资机会时，企业不会因资金短缺而放弃，投资效率得以提升。Robin（2021）等研究发现，企业在做出投资决定时，不可避免地会受到信息不对称和代理问题的影响，此外，企业规模和性质也会影响企业的投资行为，进而影响企业投资的效率。

6. 企业履行社会责任、融资约束对企业投资效率的影响研究

对于企业履行社会责任、融资约束对企业投资效率影响的关系中，国外的部分学者选取以是否产生经济后果的角度进行论述和探究，Pintekova A（1972）对 10 余家在社会责任表现方面良好的企业进行声誉指数法的实验，研究发现其与股价呈正相关关系。Ibrahim M（2020）研究评估了公司治理在多大限度上影响了尼日利亚非金融服务上市公司的企业社会责任（CSR）与财务绩效之间的关系，并采用事后研究设计，数据来自抽样选取的 23 家非金融服务上市公司 2008~2017 年的报告，研究结果显示非金融上市公司的 CSR 履行程度越好，企业的知名度越高，企业的营业收入与员工的幸福感指数越高，同时董事会的人数、董事会性别多样性和董事会独立性几个变量分别与社会责任和企业综合绩效间并不存在相关关系。在对融资约束与企业投资效率的研究中，Gomariz 和 Ballesta（2014）使用西班牙上市公司经验检验，发现当存在正的 NPV 项目时，企业可以通过短期债务为其融资，且债务期限越短，投资效率越高。Porter 和 Kramer（2011）与 Turban 和 Greening（1997）发现企业社会责任不仅能通过对社会传播企业利好信号拓展企业的融资渠道，其为企业形成的天然宣传效果还能够使得企业拥有更好的人力优势、产品竞争优势、资源优势等，从方方面面提高企业的运

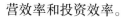

营效率和投资效率。

7. ESG 表现对企业价值的影响研究

由于西方的学者首先提出了 ESG 的概念，所以国外对于 ESG 的研究时间更长，成果也相对较完善。学者们普遍认同作为社会组织的企业在经营活动时应该以公共责任为主，例如，企业应该积极保护环境，保障利益相关者的权益和良性治理企业。同时，也不能否认企业的"逐利"属性，企业经营的直接目的就是获得最大利润。由于企业经营活动具有的复杂属性，学者们对于 ESG 从整体角度影响企业财务，进而影响企业价值的研究尚未达成一致结论。目前，国外的学者认为 ESG 与企业价值的关系主要有正相关、负相关及不相关三种研究结论。但是，国外多数的研究还是支持 ESG 与企业价值是正相关关系的这种观点。Brogi 和 Lagasio（2018）根据企业活动部门将企业分成工业类和金融类，分别研究在这两组中 ESG 如何影响企业利润，最后得出结论：ESG 能够正向促进企业利润的增长，从而促进企业价值提高，但具有滞后效应，其中，金融类公司的 ESG 表现与企业利润的关系更加显著。Qureshi 等（2020）以 812 家欧洲上市公司组成的大型面板数据集作为样本对企业的 ESG 表现进行调查，研究证实了 ESG 与企业价值的正相关关系，同时，Qureshi 等还发现董事会性别的多样性会影响企业的 ESG 表现，进而影响企业价值。但是，一部分国外学者认为 ESG 与企业价值是负相关关系。Sassen 等（2016）利用欧洲 8752 家公司 2002~2014 年的数据进行实证研究，发现企业提高 ESG 表现反而会抑制企业价值增值。还有一些学者认为 ESG 与企业价值是不相关关系，例如，George 等（2019）采用 Ohlson 模型对 ESG 与企业价值的关系进行了实证分析，发现 ESG 与企业价值没有显著的相关性。George 等认为这是因为企业虽然具有环保意识，会采取一定的环保举措，然而当企业因此而面临的财政负担逐渐失衡时，投资者会因为环保成本而中止改善 ESG 表现的措施。Alareeni 和 Hamdan（2020）以 2009~2018 年的 500 家美国上市公司数据作为样本，研究结果证实 ESG 披露对企业的运营、财务和市场表现都有显著的积极影响，但是 ESG 支出不会让企业立即得到回报，而是在

ESG 支出达到阈值时，才能对企业产生显著的价值效应。

8. ESG 表现对融资约束的影响研究

国外学者在 ESG 表现对融资约束的影响研究文献比较丰富，Eliwa 等（2019）研究发现贷款的机构会对企业的 ESG 行为表现进行关注，并将其运用到所做的有关贷款的决策中，可以降低具有良好的 ESG 绩效和积极的 ESG 信息披露的企业的债务成本。Limkriangkrai 等（2017）通过选取澳大利亚上市企业的数据为研究对象进行实证分析发现，随着企业的 ESG 评级的提高，其在进行债务融资时将面临更低的融资成本。此外，他们分别研究了三个不同的维度对融资成本的影响后发现，相较于社会责任的评分，在环境方面和公司治理方面评分积极履行的企业可在一定程度上降低债务融资成本。Yuan 等（2022）通过对中国 A 股上市公司 ESG 披露对财务违规行为的影响进行研究，发现 ESG 信息披露可以促进信息透明度的提升，缓解管理者与外部利益相关者的信息不对称问题，进而约束企业可能发生的违规行为。并且在内部控制较强和机构投资者的监督较强时，这种约束作用会显得更为显著。Crifo 等（2017）选取 23 个经济合作与发展组织国家 2007~2012 年的数据作为研究对象，借助回归模型进行实证研究后发现，ESG 评级越高能够使国家以更低的借款成本获得贷款。

9. ESG 表现对审计质量的影响研究

国外学者研究 ESG 表现对审计质量的影响主要是选取其三个维度之一进行研究，Thompson 和 Mathews（1994）、Blokdijk 和 Drieenhuizen（1992）认为公司对有关环境相关信息的披露可以促进对企业审计其环境的实施，同时通过加强对审计师在相关理论与审计形式上的培训，可以促进环境审计的标准化，有利于审计师在环境审计中发挥更大的作用。当企业的环境责任履行较差时，无疑会增添财务报表重大错报的财务风险，对外部利益相关者的投资决策会造成错误的判断。尤其是对于重污染行业，环境信息披露越详细，审计师所面临的风险就越小，越容易出具标准审计意见。Kim 等（2012）认为积极履行社会责任的企业对其财务报表会比较负责，减少出现管理层为了获取短期利润而对资金进行操纵的行为，也反映出若企业提供的财务信息真实可靠，审计师面临的审计风险也较低，审计质量也就会更高，企业有较大概率获取审计师所出具的标准审计意见。

10. 融资约束对企业价值的影响研究

国外学者在融资约束对企业价值的影响研究方面成果较为丰富，Modigliani和 Miller，提出了最初的 MM 资本理论，在多重假设下，对企业的融资进行了研究，发现资本结构与企业价值没有相关关系。但是修正后的 MM 理论认为，资本结构与企业价值密切相关，在合适的范围内，企业所拥有的债务越多，企业的价值也会体现更多，但融资约束会对企业债务规模进行限制，不利于企业价值的提升。Leitner 和 Sandra（2016）的研究对象为欧洲上市公司，通过对规模有差异企业的融资状况进行实证分析，发现企业从外部获取的资金遭受一定限制会对企业的盈利、发展等能力产生消极影响，从而限制了企业的可持续性发展。Liu X 等（2019）选取的行业为非金融企业，运用实证分析法检验企业财务约束对企业投资的影响，根据实证分析结果得出财务约束对企业投资具有负向消极影响，不利于企业价值的提升。Palomino-Tamayo 等（2020）基于代理理论等相关理论，通过构建实证模型，分析发现面临融资约束的企业会抑制企业的营销强度，并最终对企业价值产生负面影响。

11. 审计质量对企业价值的影响研究

国外大部分学者通过实证研究发现审计质量较高有助于企业价值的提升，Gordon 和 Smith（1992）通过研究表明，内部审计质量越高的企业，其经营业绩就越能体现出未来良好发展的态势。国外学者还指出，内部审计质量与企业的公司治理结构有着显著的相关关系。Corama 等（2008）经过分析后指出，上市公司通过积极改善自我评估报告和加大内部审计机构监督力度，实现内部控制制度健全，有利于内控风险预防水平提升，进而有利于企业绩效提升。George Calota（2014）表示内部审计有利于公司绩效提升，内部审计咨询能力较强且更加专业，可提供更有效且具有可行性的建议，对公司内部审计治理制度、内部控制制度和治理结构等制定优化方案，进而实现公司绩效的提高。Daniel Botez（2012）在文章中指出内部审计在企业经济发展中存在重要的作用，企业建立内部审计机构能够帮助经营管理者更好地经营企业，从而促进企业实现目标、增加企业价值。

12. ESG 表现、融资约束对企业价值的影响研究

融资约束是资本市场的一个重要概念，国外很多学者对 ESG 与融资约束的相关性做出了研究，但是很少有学者将融资约束作为中介变量放置在 ESG 与企业价值的关系研究中。Eliwa 等（2019）基于合法性理论和制度理论，调查了 15 个欧盟国家的贷款机构是否会因为 ESG 绩效以及在降低债务资本成本方面的披露而对其进行奖励。Eliwa 等在研究中区分了 ESG 绩效和 ESG 披露，经过实证分析观察得出结论，由于贷款机构对 ESG 绩效与披露水平的重视，所以对 ESG 表现好的企业会降低融资门槛。Ga Young 等（2020）调查 2010~2015 年韩国企业债券数据，分项检验 E、S、G 对债务融资成本的影响，发现三者中只有环境分数会明显降低债务融资成本，Ga Young 等也对规模较小的公司提出了建议，因为他们根据实证结果发现，规模较小的公司 ESG 得分对融资约束的抑制程度更深。Youngkyung 和 Jungmu（2019）则认为在 E、S、G 三个维度中，社会维度对股权融资的影响最大。他们通过对韩国企业的调研发现，社会责任表现较好的企业的融资成本更低，并且加强企业的社会责任管理可以提高企业价值，企业也会因为履行社会责任所带来的可持续收入而更加有动力提高 ESG 表现。Yu Hao 等（2019）引入了金融生态作为一项综合指标，对 2007~2017 年中国 A 股能源和污染密集型上市公司的数据进行实证研究，他们指出由于中国政府对环境监管力度的加强，使政府对企业尤其是污染密集型企业的融资约束程度上升，从而导致这些环保绩效不高的企业不能获得足够的资金去投资有利可图的项目，使企业的发展受到阻碍。Leong 和 Yang（2020）发现企业会因为面临的财务约束更加积极履行社会责任，加强员工关系、公司治理和环境方面的表现。同时，财务约束造成信贷限制、流动性不足以及借贷和发行股权的能力不足，会降低社会责任绩效。

13. ESG 表现、审计质量对企业价值的影响研究

国外虽然对于 ESG 经济后果的研究成果较为丰富，但是研究范围仍然不够广泛，虽然关于 ESG、审计质量和企业价值的相互影响关系的文献有很多，但是在 ESG 与企业价值的关系中却较少有学者考虑到审计质量的中介作用。Dixon 和 Singer（2011）研究指出，企业应在风险、成本和价值之间找到正确的平衡，使内部审计能够变成企业中有价值的战略资产。审计质量的提高会使信息透明化，帮助企业更好地控制管理成本和促进效率与业务绩效持续增长。Kim 等（2012）通过对企业社会责任的多维度和各项内容进行考察，发现企业社会责任的履行与道德感会帮助企业更好地进行盈余管理，提高审计质量。Wallace 等（2019）认为，公司应该建立有效的内部审计职能，适合公司的规模和性质配备足够数量的合格人员，防止和发现出现欺诈性财务报告。他们梳理历史经验，发现那些有内部审计部门的公司比那些没有内部审计部门的实体能提供更加真实的财务报告，也具有更高的企业价值。Giudice 和 Rigamonti（2020）在记录企业丑闻事件被公开后的 ESG 得分的变化中发现，企业的 ESG 分数并没有因此发生大的改变，但是当 Giudice 和 Rigamonti 按照企业是否披露审计报告的标准进行分组，对比分析后发现，那些经过第三方审计的公司的 ESG 分数在丑闻被揭露的前后并没有发生大的改变，而报告未经审计的企业 ESG 分数下降。Xueying Yuan 等（2022）对中国的上市公司进行调查，对 ESG 采用非财务信息披露指标进行衡量，研究结果显示 ESG 披露可以缓解信息不对称性，提高信息透明度以约束企业财务违规行为，进而提高审计质量。Xueying Yuan 等又进一步分析检验在不同外部监管水平下 ESG 对企业财务违规的约束程度，发现良好的外部监管条件起到更加显著的正向调节作用。Zahid 等（2023）在西欧国家的独特背景下，研究以 ESG 为导向和绩效的企业利息支付实践，Zahid 等认为审计师的专业性和严谨性特点决定了审计质量，审计师高度关注企业对环境治理和保护的投入，加强了企业的 ESG 实践。

二、国内研究现状

1. 企业履行社会责任对投资效率的影响研究

国内的学者对企业社会责任与投资效率关系的研究更加重视，大部分学者认为，履行社会责任越好的企业执行的品质就越好，也就越有利于提高投资的效率。徐光伟等（2021）基于利益相关者理论进行研究，他们认为企业能够通过履行社会责任遏制过多的投资，减轻投资的不足，提高投资效率。然而关于投资效率是如何被企业社会责任所影响的，学者们还未能达成统一意见。一些学者指出，作为一种非有效性的投资行为，投资不足和过度投资都可以通过履行社会责任、披露社会信息来减轻或抑制，从而产生一种双重治理效应，进而提升投资效率。冉杰（2017）认为，信息不对称和代理成本是影响投资效率的主要因素，企业履行社会责任可以很好地解决上述问题。因此，社会责任可以缓解投资不足，抑制投资过度，对投资效率起着促进作用。还有一些专家认为，社会责任履行只能抑制投资过度或是缓解投资不足，并不具有双重治理效果。杜闪和王站杰（2021）研究发现，企业社会责任信息披露可以影响企业的投资效率，且这种影响是正向的，特别是在企业存在投资过度行为的情况下。此外，财务质量偏低的企业能够通过履行社会责任提高投资效率。庄旭东和段军山（2022）研究了环境不确定性对企业社会责任与投资效率之间关系的影响，发现企业履行社会责任良好，就能够有效地减少环境的不稳定因素，进而提高投资的效率，并且与融资约束的传导作用相比，环境不确定性的传导作用更明显。

2. 企业履行社会责任对审计质量的影响研究

国内研究企业社会责任与审计质量之间关系的文献并不多。韩文才和汤琦瑾（2013）以2011年沪深两市2542家上市公司为样本，研究发现企业社会责任信息披露与持续经营审计意见在5%的水平上显著负相关，同时验证了审计师对能够独立发表企业社会责任报告的公司出具持续经营审计意见的可能性较未独立披露企业社会责任报告的公司显著更低。吴良海等（2017）将企业社会责任细化到公益性捐赠这一层面，研究指出企业通过公益性捐赠这一向外部利益相关者展示公司在积极履行社会责任的行为，传达出公司积极承担社会责任的企业文化和企业价值观，可以赢得外部利益相关者包括审计师在内的支持与肯定。张正勇（2022）研究得出结论，认为在大部分情况下，企业披露社会责任报告是公司内部与外部利益相关者之间的博弈，是企业对企业社会责任信息披露的自我选择。企业在考虑市场竞争、公司对外声誉和企业总体利益之后，愿意将披露企业社会责任报告作为公关手段之一，以获得更高的收益。因此，审计师在评估被审计单位财务情况、执行审计工作的过程中，必须检验被审计单位披露的社会责任信息与财务信息之间相互印证信息的准确性、可靠性、真实性和完整性，执行对应的审计程序，以确保企业披露的财务信息与非财务信息能够完整地呈现企业总体的真实情况。企业对履行的社会责任进行定期披露，能够向审计师传递企业发展前景良好、尽责履行社会责任、代理行为正常的信号，且在审计师对披露的企业社会责任信息执行了充分的审计程序之后，企业社会责任信息披露质量越高，越能够缓解审计师对企业审计风险的担忧，相应地提高公司审计质量，稳定对公司持续经营的预期。

3. 审计质量对企业投资效率的影响研究

关于审计质量对企业投资效率的影响，国内现有研究成果数量不多，尚有拓展空间。唐华（2019）研究表明，当前我国上市公司非效率投资现象比较严重，而审计意见可以发挥信息传递的作用，给公司投资效率带来积极影响。刘慧芳和李丽（2022）通过实证检验，证实了审计质量能够积极地改善投资效率。同时还有一些学者进一步研究了企业履行社会责任、审计质量和投资效率三者之间的关系。柯杰（2019）选取了我国2007～2016年A股非金融类上市公司为研究对象，研究结果表明当企业积极履行社会责任，又有高质量审计的保证时，企业积极履行社会责任获得的声誉得到了高质量的保证，从而进一步抑制信息不对称和委托代理引起的非效率投资。刘威和张玉（2020）认为，企业履行社会责任和审计质量高，将有助于降低债务融资成本；提升审计质量对企业履行社会责任与债务融资成本之间的关系起到负向调节作用。

4. 企业履行社会责任对融资约束的影响研究

相较于国外研究，我国学者在研究企业履行社会责任对融资约束影响时也逐步明晰了企业履行社会责任与融资约束的关系，得出的研究结论与国外结论基本一致。顾雷雷等（2020）对企业社会责任与融资约束进行了探讨。研究发现企业披露社会责任信息越好，履行质量越高，越能降低融资约束。刘柏和刘畅（2019）从地区信任的视角出发，研究企业履行社会责任与融资约束的关系，研究发现企业履行社会责任会使企业更容易获得融资。他们同时还发现，地区信任在两者的关系中可以发挥调节作用，地区信任会加强企业履行社会责任对融资约束的缓解作用。高凡雅等（2017）以357家中小上市企业为样本进行实证研究，发现中小企业在追求利润的同时，对有关各方也要履行社会责任。如果企业能做到高品质地履行其社会责任，就会使企业获取资金的难度降低。邵建军和张世焦（2019）则利用产权的差异性进行分析，从信息效应这个层面来考虑企业社会责任履行的程度与融资约束之间的关系，研究后得出企业社会责任感越高和履行社会责任的水平越来越高的情况下，企业的融资约束缓解的情况也会越来越好，值得注意的是，非国营企业的融资约束的缓解效果明显高于国营企业融资约束的缓解效果。张多蕾和胡公瑾（2020）认为，融资约束会被企业履行社会责任所缓解。廖婧琳等（2020）从企业履行社会责任的调节效应出发，研究发现普惠金融可以缓解融资约束，并且企业社会责任履行水平越高越能促进其缓解融资约束的效果。

5. 融资约束对企业投资效率的影响研究

在借鉴外国学者研究的基础上，我国学者结合中国的现实对融资约束和投资效率之间的关系进行研究并得出的结论与国外大致相同。连玉君和苏治（2009）

认为：企业融资约束高，容易造成投资不足；融资约束低，容易造成投资过度。欧阳志刚和薛龙（2016）为了研究货币政策对融资约束的影响，选取中小企业板上市公司为样本进行实证研究，发现企业融资约束会因宽松货币政策的影响而降低，并且在中小企业中效果会更好，这会使企业无论是面对高价值还是低价值的投资机会都可以很好地把握。李佳霖等（2019）研究不稳定的经济政策的影响，他们认为若经济政策发生变更，这种变化会影响到金融市场，产生摩擦，企业更不容易从外部获取资金，增大了企业的投资难度。郭丽虹和刘婷（2019）研究发现，在公司有较高的融资限制的条件下，采取强制股利政策的公司可以减少投资不足受融资约束的影响；当其融资约束低时，这种政策可以减轻投资过度受到融资约束的影响。綦建红和赵雨婷（2021）发现，融资约束可以影响企业的海外投资效率，同时进一步研究发现，通过财政补助可以减轻融资约束，但融资约束和财政补助的净效应是负的。

6. 企业履行社会责任、融资约束对企业投资效率的影响研究

对于企业履行社会责任、融资约束对企业投资效率的影响，国内外的学者都进行了大量研究。杨思瑜（2015）研究企业的投资行为，他通过实证分析，研究我国上市公司的投资决策过程中，公司的社会责任履行情况以及融资约束对其的作用程度，发现企业社会责任可以提升投资效率，并且可以通过缓解融资约束来影响投资效率。对于三者的关系，也有学者从企业社会责任信息披露视角去研究，张洁（2016）研究发现，大多数企业在经营时都会受到资金方面的制约，而企业社会责任信息的披露水平高，就会使企业外部人员可以获取更多的信息，从而增加对企业的信任，企业更容易获取外部资金，同时获取该资金的成本更低，对企业扩大投资有着积极影响。颜剩勇和王典（2021）在考虑"一带一路"的影响下，选取 2014~2019 年沪深 A 股两市上市公司为样本，发现企业履行社会责任对投资效率有一定的影响，而未参与"一带一路"的企业对其投资效率的影响尤为显著，且验证了融资约束的部分中介作用。崔凌瑜和祝志勇（2022）从制度环境视角出发进行了研究，发现在良好的制度条件下，企业社会责任信息披

露水平对提高企业的投资效率具有显著作用，而且揭示了融资约束的中介传导作用。

7. ESG 表现对企业价值的影响研究

自 2020 年我国提出"双碳"目标后，国内对于 ESG 的研究不仅文献数量急剧增长，并且在研究内容上也有了进步与升级，从对 ESG 信息披露的基本框架和评级体系的规范研究进展到探究 ESG 的影响因素和经济后果的实证研究。在 ESG 经济后果的众多研究文献中，企业价值是一个高频热点。不同国家市场环境不同，对于 ESG 指标和体系的构建内容也不同，所以国内外对于 ESG 的经济后果的研究结论也不同，我国的大多数学者都认同 ESG 与企业价值呈正相关关系。徐素波和王国庆（2023）发现在经济政策不确定的环境中，企业会选择加大对企业社会责任的投入来减少经济政策不确定所带来的负面影响和缓解不确定性风险，以此帮助企业实现可持续发展，实现价值的最大化。范亚东和魏玮（2023）在 ESG 与企业价值之间关系的研究中引入了 CEO 权力水平变量，并指出在 CEO 权力较大时，CEO 会更加关注企业的长远发展战略，因此他们会使企业积极履行社会责任，实现企业价值与个人价值的提升。苑泽明等（2023）认为，ESG 是衡量企业高质量发展的重要指标，并在产权性质多样性的基础上检验 ESG 实践的企业价值效应，最终得出提高 ESG 表现水平能够提升企业价值，且在非国有企业中 ESG 的价值效应更加显著。刘卓聪等（2023）基于国内外对 ESG 的研究，从行业、区域和公司属性的异质性着手，探究 ESG 评级对企业价值的影响，得到 ESG 表现促进企业价值的结论后，又分别从 E、S、G 三个维度检验价值效应，研究结果表明 G 维度的结果最显著，即公司治理的价值效应最强，环境影响最不明显。国内的小部分学者也提出 ESG 会抑制企业价值增值。伊凌雪等（2022）认为，企业为履行社会责任而进行的 ESG 实践会增加财政负担，当企业有限的资源更多地流入公共责任项目，势必会迫使企业放弃那些经济效益更高的项目，所以企业价值会造成 ESG 降低。

8. ESG 表现对融资约束的影响研究

国内学者对于 ESG 表现影响融资约束的相关研究近些年也在增多，得到的结论与国外学者的结论几乎是一致的。邱牧远和殷红（2019）借助面板数据模型研究，发现企业通过增强自身的 ESG 表现可以显著降低企业的融资成本，并且还能在一定程度上提高企业价值。从 ESG 表现的三个细分维度看，环境、公司治理表现对企业融资成本的影响在逐渐增强，社会责任信息披露质量对融资成本的降低也具有不可忽视的作用。张馨元等（2023）从经济政策不确定性视角出发，研究发现良好的 ESG 表现能显著降低企业的融资约束程度和非效率投资，并且良好的 ESG 表现具有抑制经济政策不确定性、提升融资约束和非效率投资水平的作用。李志斌等（2022）基于媒体监督视角研究 ESG 信息披露对融资约束的影响，发现 ESG 信息披露可以缓解企业融资约束，并且媒体监督可以缓解 ESG 信息披露企业融资约束间的关系，在进一步异质性研究中，这种缓解效应在非国有企业、处于成长期或成熟期的企业、新版的《中华人民共和国环保法》实施后、自愿披露社会责任的企业中表现得更加显著。

9. ESG 表现对审计质量的影响研究

国内研究企业社会责任与审计质量之间相关文献并不多。王瑶等（2022）基于重要的信息中介，探索如何依据企业 ESG 表现出具审计意见。研究发现，企业 ESG 表现得越好，审计师越倾向于出具标准审计意见的报告。在机制分析中，ESG 表现较好的公司经营风险和重大错报风险较低，审计师更可能出具标准审计意见。异质性检验显示，在环境规制力度较强的地区、内部控制质量较差、分析师关注较少以及机构投资者持股比例较低的企业中，ESG 表现对标准审计意见的正向影响更显著。钟杰可和万国超（2023），李志学等（2023）研究发现企业 ESG 表现得越好，该公司越易被出具标准无保留审计意见，可以降低审计师出具非标准无保留审计意见的概率。唐凯桃等（2023）以 2010~2020 年 A 股上市公司为研究对象，从企业行为视角出发，研究发现上市公司 ESG 评级能够影响审计师的审计报告行为决策，上市公司 ESG 评级越高，审计师出具正面审计报告的概率越大。晓芳等（2021）基于商道融绿 2015 年公布的上市公司 ESG 评级事件的准自然实验研究发现，上市公司公布 ESG 评级能够降低审计收费。并且在影响机制检验中，他们发现 ESG 评级降低了审计收费的过程中存在信息风险和经营风险的中介作用。

10. 融资约束对企业价值的影响研究

在借鉴国外学者的基础上，我国学者结合中国的现实对融资约束和企业价值之间的关系进行研究，得出的结论与国外大致相同。李仲泽等（2021）从债务资本角度考察新冠疫情暴发前后的时间段内，上市公司融资约束与市场价值的关系。研究发现：受到新冠疫情冲击越严重的地区，公司价值受到融资约束的影响越强烈。进一步研究表明，民营企业和金融市场发育程度低的公司价值与融资约束程度的相关性程度更强。龙丽君（2022）从扶贫视角选择 2016~2019 年有扶贫资金投入的 A 股挂牌公司为研究样本，研究融资约束对企业价值的影响关系，发现融资约束水平越高的企业，企业的价值就越难以提高。在产权性质分组中研究发现，非国有企业的扶贫资金投入对融资约束的缓解效果较好，因此提升企业价值也就相对容易。徐珍珍（2023）选择制造业为研究样本，研究发现融资约束会对研发投入带来企业价值提升的正面效应有抑制作用。

11. 审计质量对企业价值的影响研究

学者对于审计质量影响企业价值的研究的相关文献不是很多，黄妍和陈鑫（2015）通过对中小企业内部审计的分析，研究发现内部审计质量与企业价值呈正相关关系，并且在非国有上市公司中，内部审计质量与企业价值的正相关关系更显著。卞国臣和李鹏举（2022）基于资源依赖理论等相关理论，研究型高管与审计质量和企业价值的关系，发现女性高管与审计质量和企业价值之间存在正向关系。李震和黄俊荣（2022）以 2015~2020 年我国 A 股上市公司为研究样本，实证研究了控股股东股权质押对企业价值的影响，以及审计质量在两者之间的调节作用。研究结果表明，控股股东股权质押会显著降低企业价值，而审计质量的提高能够有效抑制控股股东股权质押对企业价值的影响。

12. ESG 表现、融资约束对企业价值的影响研究

国内虽然对于 ESG、融资约束和企业价值对单一变量研究的文献有很多，但是将三者归并成一个整体，分析它们之间的相互作用关系，尤其是将融资约束作为中介变量的文献在国内仍属于较为新颖的研究视角。王琳璘等（2022）利用 2009 年第一季度至 2020 年第四季度 A 股的 3096 家上市公司的数据进行实证分析，经检验发现 ESG 能通过降低融资约束提高企业价值，且该种效应在良好的制度环境下更加明显。谢红军和吕雪（2022）首先对 ESG 优势做出了定义，ESG 优势是由 ESG 实践为企业带来的一切关于资产和制度优势的总和，它能带来声誉价值并为企业赢得投资者的信任，从而降低融资约束成本，进而为企业带来经济价值。谢红军等又经研究证实企业提升 ESG 表现所能够获得融资支持而降低对外投资难度。王蓉（2022）基于成本—收益的视角对 ESG 信息披露与企业价值的关系进行了研究，并在其中引入了融资约束作为中介变量，研究发现企业积极履行社会责任的价值观和行为塑造的良好社会形象和声誉会成为企业的无形资产，并带来资本溢价，降低融资成本。方先明和胡丁（2023）指出 ESG 的本质是兼并企业追逐利润的目标与社会责任，能够帮助企业获得投资者的信任，解决融资困难、资金有限的问题，并且使用 SA 指数衡量融资约束，经过实证分析得出结论，ESG 能够缓解融资约束难度，推动企业创新，帮助企业进行可持续的高质量发展。全佳（2021）采用 2015~2019 年 A 股上市公司数据，将融资约束作为中介变量加入 ESG 表现与企业价值之间关系的研究，证明了 ESG 表现与企业价值的正相关关系以及融资约束在二者之间的完全中介作用。

13. ESG 表现、审计质量对企业价值的影响研究

目前国内虽然有很多文献研究 ESG 对企业价值的影响，但是却很少有文献将审计质量作为中介变量加入二者的关系研究，但是经过文献梳理可以发现审计

质量对企业 ESG 的价值效应发挥起着不可低估的重要作用。杜永红（2022）认为，确保审计过程的独立和客观是 ESG 信息披露可信度的关键，ESG 审计可以降低企业因疏忽社会责任披露而面临的投资风险，为投资者提供真实、有效的 ESG 信息，改变企业价值增长方式，推动可持续发展战略。王瑶等（2022）的研究结果显示 ESG 作为评价企业高质量发展的重要指标，对审计质量有着促进作用。ESG 信息披露能够降低审计人员与企业的信息不对称，提高审计师对企业的信任程度和风险敏感度，使审计人员出具反映审计质量的高规格审计意见。陶春华等（2023）根据对 2009~2020 年 A 股上市公司的数据作为样本进行的实证研究结果，发现企业 ESG 评级越高，审计费用越低。其原因是重视履行社会责任、ESG 评级高的企业拥有较高的信息透明度以及在外部有着较高的信誉，所以审计风险溢价较低，审计质量也能够得到保障。唐凯桃等（2023）经研究发现贯穿企业经营管理流程、降低信息不对称的 ESG 信息披露能够影响审计师决策以及审计报告内容。对 ESG 的分项检验结果显示了 E、S、G 三个维度对审计师报告行为的影响结果，其中环境保护和公司治理对审计师决策影响最主要，而社会维度影响的显著性不强。晓芳等（2021）等指出企业的 ESG 表现评级的提高可以降低信息不对称，提高信息可信度，降低审计师获取信息的难度和公司信息风险。

三、文献述评

综上所述，就企业社会责任与融资约束的关系而言，多数学者认为企业社会责任可以缓解融资约束，其内部机理是通过企业履行社会责任来减少代理人的费用，减轻信息不对称。少部分学者认为企业在履行其社会责任时不得不提供一些资金支持，对企业的资金是一种占用，进而加剧了融资约束。就融资约束与投资效率的关系而言，学者们的观点较为一致，即融资约束会影响投资效率，企业的资金需求越高，缺口越大，越易出现投资不足，越不会在企业内出现投资过度。企业有足够的资本，则表示融资限制较少，企业更容易出现盲目投资的行为，这时不会轻易出现投资不足，反而会出现投资过度。就企业履行社会责任与投资效率的关系而言，学者们认为企业履行社会责任好可以提高投资效率，其内在机制在于代理成本和信息不对称程度在履行企业社会责任好的企业可以得到缓解，然而关于企业社会责任是具有单方面治理效应还是具有双重治理效应，学者们还未能形成一致意见。基于以上阐述，本书将融资约束纳入研究范围，作为对企业履行社会责任与投资效率的影响路径进行研究，进一步将非效率投资分为投资过度与投资不足，研究企业履行社会责任具有何种治理效应，并探讨融资约束作为中介变量是否可以作为企业社会责任作用于投资效率的桥梁进而来研究三者的关系。

同时，就企业社会责任与审计质量的关系而言，学界已有研究表明企业履行社会责任一定程度上能够影响审计质量，其内部机理是通过履行企业的社会责任来减少代理人的费用，减轻信息不对称。就社会责任履行与投资效率的关系而言，学者们的观点较为一致，认为企业履行社会责任可以提高投资效率，其内在机制在于代理成本和信息不对称程度在履行社会责任的企业可以得到缓解，然而企业连续性社会责任是具有单方面治理效应还是具有双重治理效应，学者们还未能形成一致意见。基于以上阐述，本书将审计质量纳入研究范围，作为企业连续性社会责任与投资效率的影响路径去研究，进一步将非效率投资分为投资过度与投资不足，研究企业连续性社会责任具有何种治理效应，并探讨审计质量作为中介变量是否可以作为企业履行社会责任作用于投资效率的桥梁关系来研究三者间的关系。

就 ESG 表现与企业价值的关系而言，大多数学者认为，ESG 表现可以促进企业价值提升，内部机理是通过减轻信息不对称以及改善内部控制进一步提升企业价值。就 ESG 与融资约束的关系而言，国外学者们观点一致认为 ESG 表现的三个维度可以在不同程度上缓解企业的融资约束，就 ESG 表现与审计质量的关系而言，大多数学者认为良好的 ESG 表现可以促使审计师倾向于发表标准审计意见，但是对于 ESG 表现整体上是否能够促进企业价值的提升未能形成一致意见。国内外学者在研究 ESG 表现、融资约束/审计质量与企业价值的关系时，大多是研究两两之间的关系。基于以上研究，本书将融资约束和审计质量分别纳入 ESG 表现与企业价值的研究范围，作为企业 ESG 表现与企业价值的影响路径去研究，探讨融资约束/审计质量作为中介变量是否可以作为企业 ESG 表现作用于企业价值的机制路径来研究三者间的关系。

第三节 研究内容及研究方法

一、研究内容

本书共分七章,具体内容如下:

第一章是绪论。首先,阐述本书的背景和意义,并对国内外学者的研究进行综述,其次对本书的研究内容和方法进行总结,最后提出了本书的创新点。

第二章是相关概念界定与研究理论基础。在这一章中,定义了核心概念包括企业社会责任、审计质量、融资约束、ESG、企业投资效率、企业价值;同时也对相关理论基础进行了系统研究,包括信息不对称理论、委托代理理论、利益相关者理论、信号传递理论以及声誉理论。

第三章是企业履行社会责任、审计质量与投资效率关系的实证研究。本章通过理论分析提出研究假设,并对样本的选择和甄别、数据来源、模型设计、量化相关变量和模型的建立进行论述。样本数据来源于 CSMAR 和 RKS 数据库,对数据的分析主要应用 Stata17.0 软件。本章内容基于我国 A 股上市公司 2010~2019 年数据,运用 Stata17.0 软件,研究审计质量、企业社会责任与企业投资效率之间的关系。首先进行描述性分析;其次是相关性分析;再次进行回归分析;最后进行稳健性分析。在本章的最后,提出了该部分的实证结论,并提出相关建议和不足之处。

第四章是进行 ESG、审计质量与企业价值的实证研究。本章基于可持续发展理论和信息不对称理论,通过理论分析提出研究假设,并对样本的选择和甄别、数据来源、模型设计、量化相关变量和模型的建立进行论述。以 2011~2021 年沪深 A 股上市公司为研究样本,相关数据来源如下:通过 Wind 数据库获取了企业 ESG 信息，通过国泰安数据库（CSMAR）获取了企业审计质量信息及其他财务指标，利用 Excel 和 Stata17.0 两大软件对数据进行处理分析。实证检验 ESG 表现对企业价值的影响以及审计质量在两者关系中发挥的中介作用，并进一步研究不同融资约束程度、是否为重污染行业下的 ESG 表现对企业价值的异质性影响。首先进行描述性分析；其次是相关性分析和多重共线性分析；再次进行回归分析；又次对异质性进行了分析；最后进行稳健性分析。在本章的最后，提出了结论，并提出相关建议和不足之处。

第五章是对企业履行社会责任、融资约束与投资效率关系进行实证分析。本章通过理论分析提出研究假设，并对样本的选择和甄别、数据来源、模型设计、量化相关变量和模型的建立进行论述。样本数据来源于 CSMAR 和 RKS 数据库，对数据的分析主要应用 Stata17.0 软件。本章基于我国 A 股上市公司 2010～2020 年数据，运用 Stata17.0 软件，研究融资约束、企业社会责任与企业投资效率之间的关系。首先进行描述性分析；其次是相关性分析和多重共线性分析；再次进行回归分析；又次分别对行业异质性和股权异质性进行了分析；最后进行稳健性分析。在本章的最后，提出了该部分的实证结论，并提出相关建议和不足之处。

第六章是进行 ESG、融资约束与企业价值的实证研究。本章基于可持续发展理论和信息不对称理论，通过理论分析提出研究假设，并对样本的选择和甄别、数据来源、模型设计、量化相关变量和模型的建立进行论述。以 2011～2021 年沪深 A 股上市公司为研究样本，相关数据来源如下：通过 Wind 数据库获取了企业 ESG 信息，通过国泰安数据库（CSMAR）获取了企业融资约束信息及其他财务指标，利用 Excel 和 Stata17.0 两大软件对数据进行处理分析。实证检验 ESG 表现对企业价值的影响以及融资约束在两者关系中发挥的中介作用，并进一步研究不同内部控制质量、不同地区下的 ESG 表现对企业价值的异质性影响。首先进行描述性分析；其次是相关性分析和多重共线性分析；再次进行回归分析；又次对异质性进行了分析；最后进行稳健性分析。在本章的最后，提出了结论，并提出相关建议和不足之处。

第七章为研究结论与展望。本章通过对引入融资约束和审计质量视角下的社会责任对投资效率的影响和 ESG 表现对企业价值的研究结果进行总结，然后提出对未来在一些方面可以继续进行研究的展望。

研究框架如图 1-1 所示。

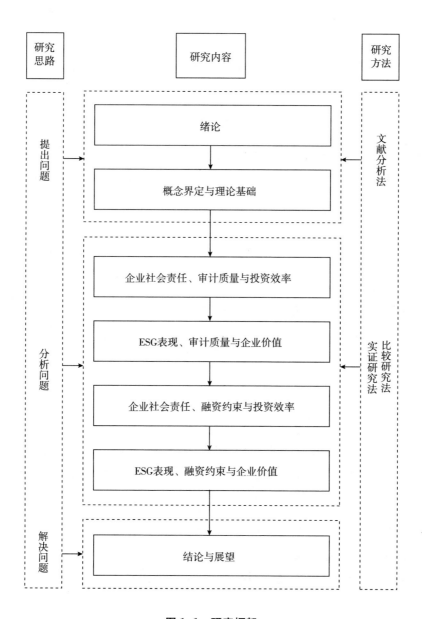

图 1-1 研究框架

二、研究方法

本书所采用的研究方法主要有文献研究法、实证研究法、比较研究法，具体如图 1-1 所示。

1. 文献研究法

首先，通过查阅相关书籍、专业期刊、相关网站和相关的统计资料，对国内外的相关研究进行综述，分析社会责任对投资效率的研究现状及 ESG 表现对企业价值的研究现状；其次，从相关的基本原理出发，对这些问题进行剖析，并据此得出本书的假设。

2. 实证研究法

以相关文献研究为理论基础，基于我国上市公司相关财务数据为样本，对企业社会责任、审计质量与投资效率，企业社会责任、融资约束与投资效率，以及 ESG 表现、审计质量与企业价值，ESG 表现、融资约束与企业价值的关系进行实证分析，得出相关实证结论。

3. 比较研究法

该方法一方面运用于企业产权性质和行业性质不同的情况下，依据企业的产权属性和企业所处的行业属性进行分组，对企业社会责任与融资约束、企业社会责任与投资效率和融资约束下企业社会责任与企业投资效率的关系进行研究，采用横向对比法，进行比较分析，探究三者关系的异同点。另一方面则运用在企业 ESG 表现对企业价值的影响关系研究中，依据企业所处的不同地区、内部控制质量的高低、是否为重污染行业和融资程度的高低进行分组回归分析，探究二者关系的异同点。

第四节　创新点

本书可能的创新之处：

一、研究视角创新

就研究视角而言，以往有关企业社会责任与投资效率的关系研究，学者考虑融资约束和审计质量因素，验证了融资约束和审计质量的中介作用，本书将融资约束和审计质量作为中介变量，并将投资效率进一步划分为投资过度和投资不足，研究企业社会责任影响投资效率的路径。笔者选取上市公司进行实证分析研究，发现融资约束和审计质量会起到部分中介作用，并且企业社会责任通过影响融资约束来抑制企业投资不足，进而提升企业投资效率，证明企业社会责任无法通过影响融资约束有效抑制投资过度，探究出一条企业社会责任影响企业投资效率的路径。本书对 ESG 的整体表现与企业价值之间的关系进行了实证分析，并在此基础上以较为新颖的视角选择融资约束与审计质量作为中介变量，研究 ESG 表现影响企业价值的路径。选取沪深 A 股上市企业进行实证分析，研究发现融资约束和审计质量会起到部分中介作用，并且良好的 ESG 表现可以通过缓解融资约束和提升企业审计质量来促进企业价值的提升，探索出企业 ESG 表现影响企业价值的路径。

二、研究内容创新

从研究内容视角，在企业履行社会责任、融资约束与投资效率的实证检验中，本书加入对产权、行业异质性的分析，探究在产权、行业属性存在差异的情况下，企业履行社会责任对融资约束，对投资效率以及三者关系的作用有何异同。从产权属性来看，验证非国有企业履行社会责任，进而提升投资效率效果会更好，国有企业社会责任缓解融资约束的效果会更好，在三者关系中，非国有企业融资约束的中介传导作用要强于国有企业。从行业属性来看，本书将行业划分为重污染行业和一般行业，研究发现在重污染行业组中，企业社会责任履行对融资约束的缓解以及提升投资效率的作用效果更好，且在重污染行业组中融资约束的中介传导作用更强。

在 ESG 表现、审计质量与企业价值的实证检验中，本书加入对融资约束程度以及是否为重污染企业的分析，深入探讨在融资约束，重污染企业存在差异的情况下，ESG 表现对企业价值二者关系的作用有何异同，从融资约束程度来看，高融资约束下的企业 ESG 表现对企业价值能够产生更加显著的推动作用。从行业属性来看，非重污染行业下的企业 ESG 表现对企业价值能够产生更加显著的推动作用。同时，在研究企业 ESG 表现、融资约束与企业价值的实证检验中，加入对内部控制质量的高低和区域性分析，探究在内部控制质量，区域性质存在差异的情况下，企业 ESG 表现对企业价值影响的推动作用有何异同。从内部控制质量高低来看，内部控制质量低的企业 ESG 表现对企业价值能够产生更加显著的推动作用。从区域性质来看，东部地区下的企业 ESG 表现对企业价值能够产生更加显著的推动作用。

第二章

概念界定及研究的理论基础

第一节　相关概念界定

一、企业投资效率

投资效率的概念内涵较为广泛，它可以从投资项目、企业、国民经济三个层面界定。本书研究的是企业投资效率，因此本书就从企业层面对其进行界定。企业的投资效率是指企业预先根据自身的情况确定最优的投资状态，将其与其真实的投入水平进行对比，其偏差的大小即其投资效率。在一个没有摩擦的完美的资本市场中，投资的效率仅与投资有关，投资机会的好坏会决定其投资效率的高低，良好的投资机会会使企业获取更高的利润，提高其投资效率。但是在现实生活中，资本市场会受到各种现实因素的影响，会存在一些冲突，并且资本市场中的竞争并不是完全竞争。因此企业的投资决策必然会受到市场摩擦、代理问题、交易成本等影响，使企业产生非效率投资。这种非效率投资主要包括投资过度和投资不足。当企业面对不值得投资的项目时，却也进行投资，则为投资过度，这种行为会浪费资源。当企业面对有价值的项目时，却因缺少资金或其他原因而未能投资，则为投资不足，往往会使企业的盈利水平下降。Jensen 等（1976）从委托代理的角度出发，认为经理人会为自己谋取私利，满足自身的需求，例如享受更多的在职消费、获取更高的福利待遇等，为了达成这一目的，经理人可能会做出一些非理性行为，如不关注盈利而盲目投资，这些行为可能会使企业的利益受损，造成投资过度。Myers（1984）等从信息经济学的角度出发进行研究，发现企业的外部人员与管理者会存在信息获取上的差异，当对企业的经营状况、发展前景等了解不够充分时，都会产生管理者了解到的情况存在差异的情况，这无疑会增加企业的融资成本。在企业获取资金的成本过高、资金短缺的情况下，很多企业都会选择舍弃那些有盈利能力的项目，导致投资不足。Richardson 等（2006）认为，企业的投资主要分为两种，一种是为保持企业的正常运营而进行的投资，另一种是得到新的投资机会而做出的新增投资。企业会根据所持有的现金流和面临的投资机会来确定最佳投资额，当最佳投资额小于新增的投资额时为投资过度，当最佳投资额大于新增投资额时为投资不足。

综上所述，本书主要借鉴 Richardson 的观点认为，企业会预测一个最优投资，将其与实际投资进行比较，这种预期最优投资是根据企业自身的经营状况测算的，包括当前和未来的投资项目以及自身所持有的现金。当两者出现偏差时，投资的非效率行为也随之产生，这个偏差值就是企业投资效率的代理变量。当最佳投资额小于新增的投资额时为投资过度，当最佳投资额大于新增投资额时为投资不足，且两者偏差值绝对值越大，则表明投资效率越低。

二、企业社会责任

1924 年，美国学者谢尔顿首次提出"企业社会责任"一词，这一说法得到了国际社会的普遍认可。在《管理的哲学》一书中，谢尔顿指出，企业在其运作与发展中，会不断地追求利益最大化，同时大多数企业还会考虑到其对环境、道德、社会造成的影响。20 世纪 50 年代，Greenfield 对企业社会责任进行了系统的研究，对其概念进行界定，其界定的概念得到学术界的普遍认可，并且在这一基础上，对于企业社会责任的研究有了新的见解。Bowen（1953）首次提出企业社会责任的概念，认为企业社会责任是指企业的价值观念以及行为要符合社会道德观念并能满足社会需求。

随后学者们的研究则是伴随着经济社会发展的不同时期，其研究都有其各自的特色。McGuire（1963）认为，企业社会责任就是指企业不仅有经济及法律责任，还应该对社会尽一些力所能及的其他方面的责任。Carroll（1979）随后提出了企业社会责任包括经济、道德、慈善和法律四个方面，根据经济发展的不同时期，对美国企业的社会责任这四个方面进行了重点研究，这些方面体现了社会群体对企业更多的期望。当然随着研究的深入，目前在学术界对于社会责任的内涵提出了不一样的观点：一种观点是以 Carroll（1979）提出的金字塔层次模型作为首要代表，研究表明社会各界会对企业有所期望，而这种期望被汇总起来，就是企业的社会责任，涉及伦理道德、法律以及经济三个方面，它是由经济责任、伦理道德责任和法律责任相互融会贯通而组成的。另一种观点的依据是利益相关者理论，学者们认为企业在经营发展的过程中必然会考虑到各方利益主体。Clarkson（1985）在考虑各利益相关者的利益之后，探究将企业社会责任融入日常管理中，给企业如何管理指明方向。PopeS 等（2021）从利益相关者的角度出发，认为企业社会责任会带来一些新的变化，会使企业的管理方向走出一条与以往不同的道路，进而提升企业价值。与国外专家学者们对社会责任的研究相比，我国对这一领域的研究开展有自己的特色，但是在研究的广度和深度方面还需要完善，这也导致我国在这一方面长期受到国外的影响。李茜等（2022）认为，企业社会责任是以改善社会福利为目标，对其自身所拥有的资源进行合理配置的一种行为，最终实现与利益相关者关系构建一项重要投资。崔巍（2021）将企业社会责任定义为自愿承担的一系列行为，这样做的目的是将企业对环境的关注和社会的关注融入企业的运营中，并很好地与内外部利益相关者进行沟通互动。

综上所述，对于企业社会责任的界定，本书认为企业在追求自身利益、满足自身需求的同时，也不能忽略对社会责任的履行，应该是以利益相关者理论为基础，企业在为所有者利益负责的同时，还要兼顾员工、债权人和社会大众等与企业有关的各方的权益。

三、ESG 表现

随着碳达峰、碳中和目标的提出，ESG 逐渐成为企业和投资者关注的焦点，ESG 表现逐渐地成为理论与实践研究的热点。企业通过践行 ESG 理念，向公众传递公司社会责任理念、愿景、价值观以及履责行为和绩效，促进企业和整个社会的可持续发展。ESG 表现是第三方评级机构如彭博、商道融绿及华证等，将企业在财务报告上披露的信息和各方面的能力进行综合所做出的客观性评价，可以综合反映企业在环境（E）、社会（S）和治理（G）三个方面的责任履行情况。在我国，证监会和监管部门通过发布多项规范引导上市公司披露 ESG 相关信息，政府监管政策的出现使企业在 ESG 披露时更加严格，良好的 ESG 表现可以向外部市场释放出企业积极履行社会责任并在未来具有良好的发展态势的信息，有利于企业在投资者和政府部门等外部利益相关者之间打下良好的信任基础以及拓宽外部资金渠道，可以在一定程度上缓解投资者因信息的准确性及获取速度不足而对资本市场产生的困惑，减少企业在融资过程中所耗费的资本（李井林和阳镇，2023），以便获得更多的外部资金，缓解企业当下所面临的融资约束问题。

1. ESG 内涵

一般认为是联合国 2004 年在 *Who Cares Who Win* 报告中正式提出了 ESG 概念，并做出全面的阐释，指出企业在注重经营的同时考虑环境、社会和治理三个方面的表现。随后在国际相关组织的共同推动下，ESG 逐步成为评价可持续发展的综合体系。随着 ESG 受到越来越多国家、政府等监管机构以及企业的重视，兼顾环境、社会、公司治理因素的 ESG 投资理念逐渐扩散至全球，成为国际投资界的主流趋势。

我国的 ESG 政策起源于环境和社会责任信息的资源披露，最早可追溯到2003 年原国家环保总局发布的《关于企业环境信息公开的公告》，要求污染超标企业披露相关环境信息。自 2008 年上海证券交易所要求符合条件的上市公司披露环境信息和社会责任报告开始，我国环境和社会责任信息逐渐进入自愿披露与强制披露相结合的阶段。2018 年，证监会修订《上市公司治理准则》，自此确立了我国 ESG 信息披露基本框架。此后 ESG 越来越多地被监管部门提及，强制披露范围不断扩大，政策指导呈增强趋势。目前，我国 ESG 监管根据主体企业性质及业务不同，分别涉及国务院国资委、生态环境部、中国人民银行、证监会和证券交易所（如上交所、深交所和港交所）等机构监管。中国香港交易所在2012 年就发布了《环境、社会、管治报告指引》，并在后续进行了多次修改，逐步与国际披露标准接轨。而我国内地 ESG 相关监管由于归口管理部门不一，仍缺乏统一的标准指引。但值得一提的是我国 ESG 相关团体标准近年来开始快速涌现。2022 年 4 月 16 日，由中国企业研究会立项、首都经济贸易大学中国 ESG 研究院牵头起草的我国首部企业 ESG 信息披露标准——《企业 ESG 披露指南》（T/CERDS 2-2022）团体标准发布，对促进中国特色 ESG 生态系统建设与完善具有重要意义。

所谓 ESG，是环境、社会和公司治理对应英文的首字母缩写，意为环境、社会及公司治理，主要体现投资者的一种投资理念，即关注企业 E、S、G 三个层面的披露内容，注重企业持续、绿色发展，而非传统专注财务指标的投资观。投资者依靠企业自身披露的 ESG 相关数据内容，或主动通过第三方渠道获取企业 ESG 表现，从而进行投资决策。E、S、G 代表着企业非财务表现的三个维度，不同维度下可以细分成不同的披露层面，接下来将从这三个维度具体论述：

（1）"E" 含义。

"E" 即 Environment，代表环境，主要是与环境相关的一系列指标。这一项相关内容体现在目标企业的环境绩效表现，根据相关定义，环境表现指标可以分为投入和产出两个部分，其中投入可以主要考量企业的能源、水等资源的投入，产出则主要包含气候变化、排放物、废料等。根据目标公司所属行业的不同，其环境表现可能囊括的指标也不尽相同。

（2）"S" 含义。

"S" 为 Social，主要代表着企业的社会表现，即在企业追逐利益的本质下，企业是否具有一定的社会责任感，是否具有与资本实力相当的人文情怀。这一指标主要包括企业在员工薪资福利水平、员工培养、公司与客户关系等方面。其指标特征有别于环境表现，往往较难量化，但也会随着行业的不同，有不同的指标表现。在我国，上市公司的社会责任主要体现在对员工的关怀如性别平等、健康保障，客户服务及客户投诉，对小微企业的扶持等方面。

（3）"G" 含义。

"G" 代表 Governance，主要反映公司的治理能力，即企业是否有能力在创造利润的同时，保障企业的良好健康发展，从而实现企业的可持续性经营。这一指标主要考量企业的组织架构是否合理、企业的薪酬体系是否规范、企业的内控制度是否有效等。其指标特征主要体现在企业本身的特征上，受外界的影响较小，同样，由于行业的不同，会产生不同的指标表现。我国在公司治理上，主要有以下几点考量指标：反洗钱、内控合规工作是否有效开展、公司薪酬体系构建是否合理、是否考虑相关者的利益等。

2. ESG 与 CSR 的联系与区别

2004 年，ESG 概念首次在联合国全球契约中提出，指的是衡量公司环境、社会和治理水平而非财务业绩的一些投资概念和估值标准。公司的环境和社会绩效可以直接或间接影响公司的利润。CSR 报告（企业社会责任报告）和 ESG 报告基本相同，但在目标用户的关注点和内容上存在一定差异。首先，CSR 报告涵盖了更广泛的用户，其追随者包括投资者、债权人、企业员工、政府、供应商和公众，所有人都在寻求有关企业社会责任的信息；ESG 报告的用户主要针对机构投资者和监管机构，帮助他们确定投资方向和监管标准。其次，ESG 报告侧重于识别、控制和量化 ESG 风险。相比之下，CSR 报告的内容更加宽泛。ESG 与 CSR 的联系与区别见表 2-1。

表 2-1　ESG 与 CSR 的联系与区别

区别与联系	ESG	CSR
定义	关注企业环境、社会和治理绩效的投资理念	企业在创造利润、对股东和员工承担法律责任的同时，还要承担对消费者、社区和环境的责任
不同点	强调多利益相关方视角，关注的群体比较宽泛；应用场景比较宽泛	主要从资本市场的投资者角度出发，聚焦企业社会绩效与股东回报的关系；应用场景聚焦在资本市场，特别是在投资者与上市公司之间

续表

区别与联系	ESG	CSR
联系	ESG 是 CSR 对金融业务的社会责任要求，也是 CSR 在金融业的具体表现，指金融业机构将环境、社会和治理因素融入金融业务。ESG 的发展是 CSR 在金融业的深入体现，也是金融业履行社会责任的良好表现	

资料来源：张瀛戈. M 银行 ESG 信息披露案例研究［D］. 中国财政科学研究院硕士学位论文，2022.

四、审计质量

关于审计质量的概念，实务界有关人士和理论界有关学者存在一定程度上的理解差异。实务界认为，审计质量是审计活动对公认审计准则或标准的遵循程度（Gao，2003；Krishnan and Schauer，2001；Tie，1999；McConnell and Banks，1998）。理论界则多从审计风险的角度来定义审计质量（Carcello and Raghunandan，2005）。DeAngelo（1981）认为，审计质量代表审计师发现公司财务报表违规的能力与纠正该违规的动机，与审计师的专业胜任能力与审计师的独立性密切相关，是两者的联合产物。Lee（1999）认为，审计质量是对包含重大错报风险的财务报表，审计师不发表无保留意见的概率。

无论是实务界还是理论界对审计质量的理解，我们都有必要达成一个共识：高素质的审计人员识别并报告客户财务报告差错的概率更高，更有可能拒绝有问题的财务报告。高质量的审计能够增大对管理层的监督力度，优化会计信息披露的质量水平，使企业与外部利益相关者之间的信息交流更透明顺畅，进而约束管理层的投机行为，达到外部治理的效果。由于审计质量是隐含在审计工作人员的职业胜任能力、风险把控能力、专业水平和职业道德等多种因素之中的，具有难以直接观测的性质，因而，目前被认可接受的有几种替代计量审计质量的指标和方法，包括事务所规模、可操纵性应计利润、盈余反应系数、审计师审计意见类型、审计费用等。

本书认为，审计费用指标具有可量化程度高、数据易获取的优势，因此，审计质量是可以用审计费用替代计量的。

五、融资约束

融资约束一直以来都是研究的热点问题，其在企业的经营与发展的过程中有着不可忽视的作用。企业仅靠自身的资金发展是不够的，必然会面临融资约束，这一观点已经在国内外达成共识。企业的筹资方法是多种多样的，但概括地说，可以分为两大类型：一是外部筹资；二是内部融资。外部筹资是指银行等金融组织向企业提供资金的债务筹资和股本筹资。内部融资主要是指企业依靠自身经营能力所能获取的资金。而专家们对于融资约束有着不同观点。一些学者认为，融资约束不仅有外部融资约束，还有来自内部的；另一些学者认为，融资约束应当仅包括外部性融资约束，学者们也更倾向于外部性融资约束这一观点。崔凌瑜（2022）认为，信息不对称与代理问题是导致融资约束的重要因素。MM 理论指出，在一个完美的资本环境下，公司的投资决策只与其投资项目有关，而非其资本构成，也就是说企业获取内外部资金的使用成本不存在差异。然而当各种现实因素出现时，获取外部资金的使用成本往往要更高一些。Myers 等（1984）认为，在现实市场中，企业管理者与投资者往往会存在对企业信息获取上的差异，投资者往往获取的信息更少，对企业的了解不够充分，出于对企业的担心，会要求更高的回报，使企业获取资金困难。Fazzari（1988）认为，由于投资者与管理者在获取企业信息上存在差异，这会使企业的资金使用成本过高，不能以低成本获取充足的资金，常常会因此错过好的投资机会，达不到企业最佳的投资水平。Kaplan S 等（1997）认为，产生融资约束的主要原因是信息不对称，这造成企业在获取外部资金时，通常会付出更多的代价。

综上所述，企业在经营的过程中不可避免地会对资金产生需求，且企业自身经营所产生的现金流并不能满足企业的发展，需要对外部投资者进行融资。因此，本书认为融资约束是指当企业内部资金有限；对外部资金产生需求时，企业进行外部的融资成本过高且获得困难。

六、企业价值

　　企业是社会经济的重要主体，也是投资者关注的重要对象，企业价值作为不可忽视的部分，也逐渐被理论界所关注。1958 年，美国学者 F. Modigliani 和 M. Miller 在《资本成本、公司理财与投资理论》一书中第一次提出"企业价值"一词，并将企业价值界定为企业的市场价值，认为企业价值是企业股票的市场价值和企业债务的市场价值之和。D. Frykman 和 J. Tolleryd（2012）则指出，企业价值是公司承担的所有资产要求权的价值总和。但由于研究视角、资本市场环境等存在差异，国内外学者对企业价值的定义存在一定的区别。例如，陆正飞和施瑜（2002）对经济形势、企业能力和人的心理需求等因素进行分析后，认为企业价值既能反映企业的获利能力，又能反映企业对动态变化的经营环境的适应能力，它是企业盈利能力、竞争能力和适应市场环境能力的综合体现。程廷福和池国华（2004）则指出，企业价值是企业内在价值，应当使用与企业风险程度相匹配的折现率来对企业未来经营期限内创造的经济收益进行贴现后获得的现值之和表示。在已有研究的基础上，王鹏等（2012）提出企业价值作为企业经营管理的最终目标，需要兼顾企业长远利益和眼前利益，因此企业价值是由未来整体获利能力所决定的市场价值，且会受到资本结构、经营业绩、经营战略和公司治理结构四个方面的影响。随着对企业价值的认识不断深入，学者们逐渐意识到企业价值绝不仅受这四个方面的影响，它是多元且复杂的，但可以确认的是，学术界对"企业价值的变动是由资本成本或预期现金流量发生变化引起的"这一观点基本表示赞同（任力和洪喆，2017；高建来和王有源，2019）。

　　综上所述，本书认为企业价值是企业在市场中的价值表现，并且当企业价值受到影响时，主要是资金成本或预期现金流量发生了变化。

第二节　理论基础

一、信息不对称理论

20世纪70年代，美国学者 Akerlof 提出信息不对称理论。这一理论认为，现实中的市场是不完美的，各类人员由于所处的位置不同，在信息获取上也会存在不同。因此，不同的交易者之间所了解的消息也并不一样，处于优势地位的人可以获得更多的信息，在买卖中更容易占据主动，而处于劣势地位的人则会获得较少的信息，往往在交易中容易丧失主动权。这一理论一经提出，就吸引众多学者展开研究，得到学术界的普遍认可，且这一理论的适用领域也在不断扩展。在现实中完美的资本市场并不存在，由于投资者与企业管理者天然所处的位置原因，他们彼此之间存在着信息不对称，投资者们未能获取足够的信息使他们对企业没有充分的了解，在对企业的价值进行衡量时所做出的判断不一定合理，这也使他们并不愿意轻易对企业进行投资。信息不对称分为两种：

第一种是逆向选择，是指事情发生在交易完成前，有信息优势的一方会利用这种优势，获取更多本不属于自己的利益，而这往往会损害另一方的利益。由于管理者负责企业的日常管理，投资者往往对企业没有管理权，对企业的经营管理缺乏足够的了解和有效监督。在资本市场中，管理者们的一些行为会引起股价发生变化，他们会在股价超出原有的价值时卖出股票获取利益，引发投资者们对企业的担心，他们会认为投资风险过高，不愿意对企业进行投资，这样导致企业没有充足的资金进行投资，进而降低投资效率。

第二种是道德风险，在市场中，买卖双方的位置不一样，获得的信息数量也不尽相同，获得更多信息的一方，在交易结束后，可以利用这些信息谋取更大的利润，并促使本该获利的一方利益受损。在市场中，如果想要解决道德风险问题，就要制定合适的激励和惩罚措施，增加违规成本，避免道德风险行为的发生。在两权分离的情况下会出现道德风险问题。企业的管理者们因为自身处于管理企业的位置，获取的信息更多，对企业也更为了解，与投资者相比，更具有信息优势，且投资者们缺乏有效手段对管理者进行监督，管理者们通常会站在自身的角度，为自己谋求利益，做出盲目投资的行为，以致降低投资效率。

二、委托代理理论

20 世纪 30 年代，Berle 和 Means 提出了代理理论。由于企业的所有者在立场上与管理者并不相同，两者会存在一些冲突，为了解决该问题，委托代理理论由此而产生了。此后，Jensen 等（1976）对代理理论的发展也做出重要贡献。在现代企业中主要存在着两类代理问题：

第一类主要指股东与管理者的冲突，企业的管理者通常负责企业的日常运营，他们在企业中并不占有股份，不能分享企业的经营成果。为了获取更多的报酬，经常会做出侵害股东利益的行为，由此产生第一类代理问题。企业的管理者们通过努力经营企业，获取利益使所有者受益，但管理者们却未能获得相应的回报，他们会出于自身的利益利用规则提升自身待遇，盲目投资，扩大企业规模，这是非理性的投资行为，不会对提升企业的价值有帮助，反而会对企业的长远发展造成不良影响。所以，企业会产生非效率投资行为的原因之一就是代理问题，为了降低这种行为发生的可能性，股东们会采取一些措施进行监督，增加代理成本。

第二类代理问题主要指控股股东与中小股东的冲突。小股东和大股东之间的利益并不总是一致的，甚至是有矛盾的，由于两者在企业中所处的位置，在对企业信息的获取上，控股股东往往更具有优势，这时控股股东出于为自己谋求利益的目的，会指使企业做出侵害中小股东利益的行为。因此，为了更好地维护自己的利益，中小股东需要更多的公司信息，并制定一些制度和措施，这会增加企业的代理成本。企业社会责任可以缓解代理问题，降低成本，提升投资效率。

三、利益相关者理论

随着现代企业的发展，股东利益至上的目标已不能适应企业的发展，一方面企业要保证股东的利益，另一方面也要保证其他相关利益群体的利益。在这样的背景下，利益相关理论被提出来了。1963 年，斯坦福的学者们首先提到了"利益相关者"一词，他们认为，利益相关者的帮助对于公司的发展是非常关键的。但这一概念涵盖的范围比较广泛，他们认为企业的利益相关者应该是与企业有密切关系的人。1965 年，美国学者 Asnoff 发表他的专著《公司战略》，在这本书中他对利益相关者的概念也进行了界定，认为要想使企业的经营目标得以实现，必须平衡各方的利益和冲突，这就要顾及与企业有利益关系的相关各方的利益。1984 年，Freeman 正式提出利益相关者理论，该理论认为，一个组织的目标要想实现，组织中的利益相关者会对其产生重要影响，并且该组织目标的实现能够使所有相关者受益。如果企业的利益相关者能够支持企业的发展，无疑会使企业发展得更好，企业使用相关者提供的资源同时，企业面临的风险也被分散了，这样发展得会越发顺利，由此可以看出利益相关者与企业关系密切。从以上的论述中能够得知，利益相关者对企业的发展能够做出相应贡献，也承担了相应的责任，同时企业也必须对利益相关者承担相对应的责任。

四、信号传递理论

根据现实的市场存在天然缺陷的情况，市场中的买卖双方因所处职位的差异，所获得的信息来源也不尽相同，获取信息的多少会存在不同，了解的情况也并不一样，且这种现象会时常发生。在进行市场交易时，会出现道德风险和逆向选择两种行为。为缓解上述现象，1973 年，Spence 提出信号传递理论，并扩大其适用范围，在劳工市场中，它的模型显示了求职者和招聘者之间的信息传播过程，进而打开了信号传递理论探讨的大门。1997 年，Ross 的研究发现，管理者们可以通过鼓励政策或是资本结构的调整向外部传递相关的信息，而且这个发现会运用到财务领域。信息不对称会给企业带来一些不利影响，为了缓解这一状况，管理者们可以选择提高披露水平对其进行缓解，向相关者们传递利好的信息。企业履行社会责任可以作为向外界传递信息的一种手段，其也可以视为履行社会责任的动机。外部投资者获取信息的难度要远高于企业的管理者，对于企业不够了解，使他们没有能力有效而正确地识别企业的价值。对于企业信息的获得，外部投资者能够接触的渠道较少，往往出于对企业的担心，对企业投资比较慎重，企业获取资金的难度随之增加。当企业没有足够的资金或是不能筹集足够的资金支撑企业发展时，可能会因此错失好的投资项目，出现投资不足的情况。为了加强外部投资者对企业的信赖，选择对外部传递相关信息不失为好方法，这些信息会改变投资者们对企业的看法，让他们相信企业具有投资价值。企业向外界传递信息的载体可以由企业社会责任承担，它可以很好地完成这一任务，因此企业在承担相对应的社会责任的时候，会向外界间接地传达企业投资风险低这个信号，外部投资者更愿意相信这类企业，缓解融资约束抑制投资不足，提高企业投资效率。

五、声誉理论

声誉理论的定义最初源于 20 世纪 80 年代，由 Kreps 和 Wilson、Migron 和 Roberts、Fama、Holmstrom 等提出并不断修正完善。该理论指出一种可预见的事实是，一家企业如果在市场上比较诚实守信，便会获得较高的声誉资本，相应地可以在市场竞争中占据优势，比如遭遇风险的可能性更低，提升投资人对股票的信任，对供应商及购买商的讨价还价能力增强等。由于上市公司的高管与企业所有者会形成委托代理关系，因此为了减少信息不对称程度需要聘请第三方注册会计师进行独立审计，但是在审计工作中，会计师事务所与所有者也构成了委托代理关系，同时由于会计师事务所也属于可以接触到被审计单位内部信息的专业人士，因此会计师事务所与所有者也会产生一定的信息差，形成了信息不对称理论的基本条件。近年来，事务所与被审计单位之间包庇、隐瞒的丑闻也不乏存在，因此高质量的审计报告会受到投资人的青睐。DeAngelo（1981）作为审计质量定义的开创者，认为大型事务所的品牌声誉一旦建立起来，会使事务所在市场竞争中揽得更多的客户，商讨更高的审计收费。从长远来考虑，为了建立起良好的品牌声誉，避免处罚以及扩大事务所规模及承揽业务能力，理性的会计师事务所均存在维护品牌声誉的强烈动机。

六、投资效率与企业价值理论

目前，在企业进行日常财务管理中，所要达到的最终目标是实现股东权益最大化，因此从企业开展的日常经济活动不难看出，企业在对某个项目进行投资时，如果企业的期望收益大于企业对这个项目进行投资时所耗费的资本成本，那么我们可以认为此投资是具有效率的投资，能够在某种程度上提升企业的市场价值。这样的项目企业都非常愿意进行投资。相反，如果企业对项目的预期收益低于进行投资所花费的资本，则企业不会对此项目进行投资，因为这属于非效率的投资。党的二十大报告指出，着力扩大内需，增强消费对经济发展的基础性作用和投资对优化供给侧结构的关键作用，投资活动在企业进行一系列与财务相关的决策中发挥着比较重要的作用，对于价值的提升有非常重要的意义。因此，企业能够高质量发展的重要因素离不开有效率的投资。但是在我国的上市企业中，非效率投资问题逐渐浮出水面，非效率投资水平的提升影响企业的正常生产经营，甚至更严重的会由于资金链的断裂最终使企业倒闭。

因此，如何做到科学的制定投资决策，提升投资效率成为当下企业面临的问题所在。并且在各个企业的内外部治理制度中存在一定的缺陷和信息不对称问题得不到有效缓解，产生了某种程度上的非效率投资，主要表现为两个方面，即投资不足和过度投资。这种非效率投资的存在使得企业产生了较低的资金使用的效率，对企业的经营发展产生了负面影响，在融资约束程度较高的企业更是如此。

投资作为企业财务工作的核心，不仅对各项经营与管理活动产生影响，更是关乎到企业生死存亡的关键，投资效率越高表明企业盈利能力就越强，就越能用有效的资本换取最大化的财务绩效，对企业价值提升就能产生更好的促进作用。周中胜等（2017）从内部控制视角，借助厦门大学课题组所构建的企业内控指数、依据实物期权的理论，研究了投资决策与价值二者的影响关系，发现企业进行合适的投资决策可以在一定程度上抑制非效率投资行为，可以提升企业资金分配效率，进而正向促进企业价值的提升。由于投资活动是公司权益价值创造的重要驱动力之一（Modigliani and Miller，1958），因此，公司的增长和清算期权价值与公司的投资活动直接相关，研究其对于企业的投资决策和期权价值的影响，发现投资决策能在一定方面上抑制企业进行非效率投资，且对于过度投资的抑制性更强。

　　根据最优资本结构理论，在完美市场下，企业只会选择投资净现值为正的项目。然而，在真实的资本市场中，由于信息不对称等原因，公司一定会出现一定程度的过度投资和不足投资。两者都是低效的投资。如果存在过度投资，则意味着企业已经投资了净现值为负的项目，而如果存在投资不足，则意味着企业已经放弃了对净现值为正的项目的投资，这将在很大程度上降低企业获得最大经济效益的能力，从而导致资产配置效率低下。公司的价值无法持续增长。Yang（2005）指出企业对净现值为负的项目进行投资时会造成过度投资，使得企业的财务容易陷入财务危机；选择净现值为正的投资项目时会导致投资不足，不能获取利润较高的投资机会，会影响企业绩效的快速提升，从而导致企业价值停滞不前。从委托代理理论方面而言，公司是由利益相关者，其中包括经营者，政府部门，外部投资者等所组成的一个大型机构。由于信息不对称问题和法规的不完备性等市场缺陷的存在，管理层有可能为了追求自身最大的利润而在投资项目时进行过度的投资，或者放弃净现值大于零的项目造成投资不足的问题出现，从而使得投资效率的低下，不利于企业价值的提升。

　　从已有的文献，我们可以得到企业的投资效率与企业价值之间存在正相关关系，在实现"碳中和、碳达峰"和可持续发展的背景下，综合考虑公司财务信息和非财务信息披露的完整性，ESG 表现应运而生，现有 ESG 研究多围绕企业价值以及公司绩效等方面，大多数学者通过实证研究可以表明，公司的 ESG 表现能有效改善公司绩效提高投资效率。

《中华人民共和国第十四个五年规划和 2035 年远景目标纲要》提出，发展是解决我国一切问题的基础和关键，发展必须是科学发展，必须坚定不移地贯彻创新、协调、绿色、开放、共享的新发展理念，引导各方面把工作重点放在提高发展质量和效益上，促进增长潜力充分发挥。其中，扩大有效投资，提高投资效率是实现供需高水平动态平衡的关键组成部分，投资在我国经济持续增长中扮演着不可或缺的角色，对企业的可持续发展也发挥着至关重要的作用。我国各家上市及非上市企业在发展经营过程中普遍存在过度投资和投资不足两种现象，这对企业资金的使用效率以及资本市场的运行产生了较为不利的影响。而企业积极履行社会责任与否，不仅对于维护整个社会的有序稳定十分重要，而且对于企业的外部生存发展环境来说，也是不能忽视的重要影响因素。审计师出具的审计报告可以影响企业履行社会责任的真实性，向外界传递信息能否被外部投资者所能认可与支持，进而可能会影响投资者对于企业的文化和价值认识。因此，我们先通过引入审计质量的中介作用，探究社会责任的履行与企业投资效率的关系，可以更好地为提升企业投资效率提供一定的建议。

在 2006 年，联合国责任投资原则组织制定了《责任投资原则》，主要致力于推动投资机构考虑将 ESG 因素纳入企业价值评估。从 2018 年我国首次在《上市公司治理准则》中确立 ESG 信息披露基本框架到 2020 年发布《中国 ESG 发展白皮书》，ESG 在中国不断蓬勃发展。ESG 发展的理念与我国五位一体的总体布局和创新、协调、绿色、开放、共享的新发展理念高度契合。随着社会各界对企业履行社会责任关注度的提高，企业 ESG（环境、社会和公司治理）表现也越来越多地被提及。在传统的企业社会责任（CSR）和社会责任投资（SRI）基础上演化而来的 ESG，是从环境（Environmental）、社会（Social）和治理（Governance）多个角度衡量企业表现非财务信息的新型综合指标。ESG 作为一种非传统财务绩效的投资理念和企业评价标准，关注对环境信息披露、社会责任的履行和公司治理结构等利益相关者方面所承担的社会责任。传统意义来说是指企业进行一系列慈善捐赠等履行的社会责任、与环保污染问题相关的绿色投资责任、大多数局限于道德标准约束的伦理责任，ESG 在评级过程中整合了企业道德、社会及环境价值标准，因此包含了更广泛的社会责任评价标准。因此，我们又继续实证研究企业的 ESG 表现与企业价值的关系，同时分析审计质量在其影响过程中的机制作用。高质量审计的保证，可以更好地使企业做好 ESG 行为的披露，抑制非效率投资，提升企业价值。而相对于审计质量较差的企业，高质量的审计可以向利益相关者及时完整地传达企业财务信息的公允性和真实性，包括社会责任决策的行为，从而能够提高利益相关者识别企业履行社会责任这一信号的效率和效果，可以更大程度地降低信息不对称，从而促进企业价值的提升。

而公司生产经营的目的是在运用较低的资金高效地给企业带来更高的经济效益，实现股东权益最大化。根据最优资本结构理论，在完美的市场环境下，企业只会选择投资净现值为正的项目。然而，在真实的资本市场中，由于企业的管理者与外部利益相关者存在一定的信息不对称问题等原因，公司在生产经营过程中会出现一定程度的过度投资和不足投资，两者本质上都属于较为低效率的投资。如果企业存在过度投资，则意味着企业已经投资了净现值小于零的项目，而如果存在投资不足，则意味着企业已经放弃了对净现值为正的项目的投资，这将在很大程度上降低企业获得最大经济效益的能力，从而导致企业的资产配置效率低下，无法持续给企业的生产经营带来价值。在目前，考虑到处在资本市场上的许多企业面临的融资情况不透明，融资困难及融资条件苛刻等一系列融资问题是制约企业进一步发展的一大约束力，因此，通过引入融资约束视角，分析融资约束在社会责任与投资效率的影响中发挥的作用。企业积极履行社会责任获得良好的声誉，从而进一步抑制因信息不对称和委托代理引起的非效率投资，提升企业价值。资金的筹集是影响企业经济发展，提高企业研发资金投入的因素之一，目前我国由于资本市场的金融环境波动导致大部分企业普遍面临融资难等问题，融资约束的存在会在一定限度上限制了企业获取资金的能力，这表明企业为在获取生产经营运转所需的资金上需要花费较高的成本才能达到目的，或者很难达到生产所需的资金规模，容易使企业因资金不足而影响正常生产经营活动的开展。因此，当企业遭遇较高程度的融资约束时，其投资范围和规模必然会受到严重制约，使得对资金的配置效率低下，进而抑制了企业价值的提升，因此，本书最后一部分引入融资约束这一视角，分析融资约束在 ESG 表现与企业价值的影响中发挥的作用。企业积极履行 ESG 表现可以向社会公众传递出企业在承担社会责任，环境信息披露，公司内部治理方面的非财务信息，从而进一步缓解了因管理者与外部利益相关者直接存在的信息不对称和委托代理引起的融资约束问题，促进企业价值的提升。

这些研究可以更好把握企业未来发展的方向，使企业更加注重融资问题，缓解信息不对称问题，提升企业投资效率。从审计质量和融资约束视角分析企业的社会责任与企业投资效率的关系，可以为企业在未来发展过程中解决遇到的相关问题提供一定的参考和借鉴。

七、可持续发展理论

有关 ESG 理念的可持续发展理论可以追溯到社会责任理论，随着自由放任的经济发展造成外部性问题逐渐恶化，1930 年有关企业应当对谁负责的公开讨论在美国引起了众多学者的关注。对于这个问题，企业社会责任理论被分割成股东至上主义进而利益相关者主义，前者认为企业唯一的社会责任就是努力实现利润最大化或股东价值最大化，仍是传统自由经济理论的延续，关注"利己"；后者则认为企业应该同时考虑股东之外的其他利益相关者的利益诉求，即关注"利他"。然而，理论应用到实践的经验发现，股东至上主义强调"利己"不可持续，利益相关者理论强调"利他"又难以发展。在这两难困境下，1987 年的世界环境与发展委员会正式提出可持续发展。可持续发展是指在生态、社会和经济三方面的可持续的协调统一发展，在不损害人类后代的利益下，尽可能满足当代人类的需求。随着生态在世界经济发展中的地位越发重要，而工业的发展对生态的影响也在越来越严重，1992 年的联合国环境与发展大会指出可持续发展已成为当今社会发展的主题，要将环境和经济社会发展相协调，树立生态环境与经济共同发展的新发展观。可持续发展理论关注人与自然的和谐发展，不但要实现企业发展经济的目的，而且要保护好人类赖以生存的资源与各类资源，要注重社会可持续、经济可持续和生态可持续的协调发展。之后，可持续发展理论的研究也在逐渐丰富。

企业在可持续发展中扮演着不可替代的角色，要求企业在发展中积极实现绿色经济转型，从注重利益向未来的可持续发展方向进行转变，追求社会责任的积极履行，绿色环保理念的遵循与传播，将与环境相关的绩效、非财务信息纳入企业考核范围内，实现企业的健康持续发展。可持续发展理论强调企业不能仅为了企业短期利益的最大化而对环境、社会责任等外部性因素重要程度的忽略，从而达成生产经营效率与环境信息、社会责任协同发展的目标。可持续发展理论实现了从单方面利己走向同利益相关者实现共赢的跨越，协调了股东至上主义与利益相关者主义之间的主要矛盾，为 ESG 理念的宣传与发展奠定了相关理论基础。企业在生产经营做到资源的合理分配，降低造成环境危害的污染物的排放，提升资源利用率和循环使用，向外界传递出企业积极履行社会责任，环境治理等相关信息，有利于塑造企业的良好形象，帮助社会公众了解企业的经营情况和可持续，提升企业的市场价值。ESG 的基本理念是企业要做到实现相互兼顾的平衡，强调我们应该更加注重生态、社会和经济三者之间的可持续性协调发展，与我国的可持续发展理念高度契合，ESG 表现好的企业在某种程度上可以证明企业在环境保护、承担社会责任和公司治理方面良好，未来进行可持续发展的可能性更大。企业积极进行 ESG 信息披露，可以合理运用资源配置，获取外部投资者的资金支持。

第三章

企业社会责任、审计质量与投资效率

第一节　理论分析与研究假设

一、企业社会责任对投资效率的影响理论分析与研究假设

1. 基于信息不对称理论

Bibble（2009）等研究发现，影响企业投资效率的一个重要因素是企业与投资人的信息不对称。因为管理者和投资人所处的位置不同，管理者负责企业日常管理，所以管理者对企业的了解更加充分，可能会做出盲目投资的行为来获取更多的利益，如在职消费等，这样的投资项目不会给企业带来盈利，造成投资过度。此外，Myers（1976）等发现企业在有良好的投资机会但内部资金不足时，不得不向外部获取资金，由于信息获取上的差异，投资者对企业了解不够全面，出于对企业的担心，会要求更高的投资报酬，此时，若企业不能持有足够的资金，当其有好的项目可供选择时，因为自身资金的缺乏而不能进行投资，或者因为获取资金的成本过高而放弃本可以进行投资的项目，这样就会造成投资不足。企业履行社会责任将会对其声誉、与市场建立互信基础有很大的帮助，使投资者能够获取更多的信息，降低不对称程度。同时，经理人为了自身利益而进行盲目投资的行为会得到有效抑制，企业出现投资过度的情况会得到控制，融资受到的约束会得到缓解，从而投资不足的情况被抑制。此外，履行社会责任的企业能够缓解企业内外部以及经理人和股东之间在信息获取上的差异，从而有效地将投资效率提高。

2. 基于信号传递理论

出于对获取信息的担心以及与管理者之间存在的信息获取差异，大部分情况下，企业的外部投资人无法及时、高效地发现可信任的企业。此外，获取企业可靠信息的渠道对外部的投资者来说是很少的，这将使企业筹措资金的难度增加。企业自身的资金不够，需要向外界筹集所需资金时，若未能及时获取充足的资金或获取资金成本过高时，不得不放弃一些被看好的项目，从而造成投资不足。企业为获取投资者的信心，选择向外界传递某种信号，使外部投资者相信投资风险较低。企业履行社会责任能够将这一角色较好地扮演。为了向外界传递企业经营状况良好和投资风险低等信息，企业选择承担社会责任，进行社会责任信息披露来传递这一信息，这样既可以使投资者提高对企业的信赖，也可以使企业更容易获取他们在资金上的支持，进而减少投资不足情况的发生，进而提高投资效率。

3. 基于委托代理理论

在现代企业中，管理者会负责企业的运营，但不一定在企业中占有股份，无法分享经营企业成果，而是根据协议领取报酬。股东拥有股份但不负责企业经营，可以分享企业的经营成果。在这种情形下，两者所享有的权益常常是不平等的，管理者更为关注的是自身的利益，在意的是自身投入和回报。但是，股东更加关注的是企业的利润最大化。如果管理者想要利用自身的经营管理权牟取私利，可能会做出盲目投资的行为，企业容易出现亏损，股东的利益会遭受侵害，两者会因利益而产生冲突。为了防止自身利益受到损失，股东们不得不对管理者的一系列行为进行监督，从而产生代理成本。基于此，股东们希望企业更关注他们的利益，履行企业社会责任可以很好地满足这一需求，能够对管理者进行监督，降低代理问题和道德风险，减少企业的盲目投资，提高投资的效率。此外，政府及社会各界对企业的关注程度会加强，管理者的行为在一定程度上受到监督和约束，进而减少代理成本，有效缓解过度投资的问题。

4. 基于利益相关者理论

现有的公司治理机制与传统的公司治理机制对于其他利益相关者的态度并不相同。现有的公司治理机制中，员工、顾客和政府等其他利益相关者被引入其中。公司的经营目的已不再是利润的最大化，公司会更加重视相关者的利益。履行社会责任的公司会降低投资者与经理人之间信息获取上的差异，会使利益相关者介入对企业的监管。当利益相关者也参与到公司的治理时，会使公司各项制度更加完善，公司的管理也更加透明化，能够更为有效地监督管理层，从而使投资的效率提升。此外，履行社会责任的企业会更容易获取社会责任感高的投资者的支持和信任。一般来说，当企业想要进行对外投资时，只靠企业内部的留存资金很难满足投资需求，选择依靠利益相关者的帮助，这些问题可以得到很好的解决。履行社会责任良好的企业会使利益相关者对该类企业给予更多的支持，尤其是资金方面的支持。企业和利益相关者之间的良好关系因其积极承担的社会责任而加强，会进一步使企业获取外部资源的通道变宽、融资受到的约束降低，缓解投资不足的压力；同时，履行社会责任良好的企业会使顾客、员工、社会公众和政府等众多的利益相关者受益。基于上述分析，履行社会责任的企业在一定程度上能为其在信息不对称和代理问题等问题的处理上提供帮助，从而将企业的投资效率有效地提高。综上所述，本书提出以下假设：

H3-1：企业履行社会责任能够提升企业投资效率。

H3-1a：企业履行社会责任能够抑制企业投资过度。

H3-1b：企业履行社会责任能够缓解企业投资不足。

二、企业社会责任对审计质量的影响理论分析与研究假设

我国企业社会责任信息披露虽然可以降低信息不对称，并具有一定的信息含量，但是，上市公司总体来说对企业社会责任信息的披露还有需要完善的方面，

部分企业社会责任信息披露以文字描述为主，较少披露定量信息，格式不够统一，而且相关的披露内容不够规范和完整（刘长翠和孔晓婷，2006；万寿义和刘正阳，2013）。杨汉明和吴丹红（2015）认为，我国企业对自身社会责任信息的披露意愿和质量受到规范压力、强制压力和模仿压力的影响，存在着数量增长和质量提升不匹配、监管机制不完善、信息决策价值较低等一系列问题。曹亚勇等（2012）认为，我国上市公司对社会责任信息的披露质量差异较大，整体披露水平不高。李姝等（2013）发现，我国的企业社会责任报告缺乏统一的披露格式和内容体系，披露行为有较大的自主性。例如：公司在环境信息披露方面存在一定的同形性和模仿行为，如果在环境方面表现较差，那么公司管理层就会在披露环境信息时减少对悲观语调的使用（Cho et al.，2010；沈洪涛和苏亮德，2012）。Kim 等（2012）发现，由于社会责任报告受到的监管和约束较少，管理层有动机从公司战略层面的角度出发或出于私有动机的考虑，选择性地披露社会责任信息。也有学者认为，管理层可能会象征性地利用社会责任报告来为自己"漂绿"，而实际上并不一定会采取真实行动（Hemingway and Maclagan，2004）。

近年来，我国审计损害赔偿责任制度逐步建立起来。2006 年华伦会计师事务所因蓝田股份事件承担连带赔偿责任，这是我国发生的第一起关于会计师事务所审计的民事赔偿案件，这也意味着注册会计师审计从此开始真正面临民事赔偿风险（刘启亮等，2013）。在现代风险导向审计的工作流程中，了解被审计单位及其环境是审计师识别和评估被审计单位年报重大错报风险的必要步骤，也是对审计程序进行设计和实施的基础。审计师一般会通过查阅、询问、讨论、分析和实地查看等审计程序了解公司的内部控制、战略目标和经营风险等方面的实际情况。其中，上市公司披露的社会责任报告是审计师了解被审计单位战略目标和持续经营能力的一个重要媒介。在对公司进行审计的过程中，审计师会通过执行有关的审计程序来评价公司披露的社会责任报告是否具备真实性、完整性、规范性和准确性，并通过与其他审计证据进行勾稽和核对，来确保公司披露的信息在整体上保持一致性（朱敏等，2015）。即使现行的审计准则没有强制要求审计师对公司披露的社会责任报告执行审计程序，但在审计上市公司年报的过程中，审计师在执行内部控制有效性的测试时，也需要测试公司编制社会责任报告的流程，以降低社会责任报告中出现过度报告的概率，确保社会责任报告中披露的信息与财务报告的审计结论保持一致性（朱敏等，2015）。由于审计师在审计过程中会对企业社会责任报告给予一定的关注，并投入一定的精力评估风险，因此，严格的审计程序在提高财务信息审计质量的同时，也会相应地提高社会责任等非财务信息的披露质量。

综上所述，"深口袋"理论表明，与非国际"四大"审计相比，国际"四大"审计面临更高的诉讼风险，承担的投资者损害赔偿责任也更大。因此，他们会执行更严格的审计程序，在提高财务信息披露质量的同时，也会使社会责任信息的披露质量得到显著提升。由此，本书提出以下假设：

H3-2：审计质量能够影响企业社会责任信息披露。

H3-2a：审计质量高的企业能够提升企业社会责任信息披露质量。

H3-2b：审计质量低的企业能够降低企业社会责任信息披露质量。

三、审计质量影响企业社会责任与投资效率关系的理论分析与假设研究

审计作为独立的第三方服务，通过出具审计报告影响投资者的预期并改变其行为，最终影响企业的投资效率。窦炜等（2016）研究表明，提高审计质量可以改善公司的资本配置效率。而审计质量对投资效率产生何种作用至今还没有学者进行过研究，审计质量与企业社会责任之间的相互作用存在的是替代关系还是协同关系也不知所以。本书认为，审计质量在企业履行社会责任与投资效率关系的影响上可能呈现协同效应。

企业履行社会责任将会引起利益相关者的关注，进而缓解因信息不对称和委托代理问题导致的非效率投资，提高投资效率。但利益相关者对企业履行社会责任，披露社会责任信息这一信号的感知和识别能力及效率与审计质量密切相关。

（1）有限关注理论指出，因为投资者的时间和精力是有限的，所以投资者

不可能对所有的相关信息进行接收和处理（俞庆进和张兵，2012）。同样地，企业履行某一具体的社会责任，一般只是面向部分特定的利益相关者而不是企业的全部利益相关者，即只有这些直接受益的利益相关者可以有效识别和感知这一具体的社会责任行为，而没有直接受益的利益相关者将无法有效识别和感知这一信号，这将会影响公司通过履行社会责任来降低信息不对称的程度，进而影响投资效率。对于积极履行社会责任的企业来说，为了避免这一问题，可以通过聘请会计师事务所进行审计以更大限度地降低信息不对称。企业履行某一特定社会责任时直接面向的对象较为单一，与此不同，审计报告能够引起更多利益相关者的关注，包括非直接受益的利益相关者，起到信号再传递的作用。高质量的审计能够向全体利益相关者传达财务报表（包括社会责任报告）可信的信号，让全体利益相关者都能及时地识别和感知企业履行社会责任的行为，可以更大限度地降低信息不对称，从而进一步加强企业社会责任与投资效率的关系。

（2）为了赢得投资者的信赖与支持，企业会积极地向投资者传达企业履行社会责任这一信号以缓解信息不对称。然而，投资者识别到企业履行社会责任时也不会轻易地相信这一信号。此时，企业为了避免其他企业的模仿，必然会对其发出的信号支付一定的成本。毫无疑问，外部审计可以很好地扮演这一角色，向收到信号的利益相关者证实该信号的真实性，从而影响企业社会责任与投资效率之间的关系。已有文献研究发现上市公司可能通过良好的社会责任表现这一光鲜的外表以转移利益相关者视线从而掩饰其盈余管理的行为（刘秀莉，2014；陈峻等，2016；张晨等，2018），而盈余管理会对投资效率产生一定的影响。任春艳（2012）研究表明，企业盈余管理程度对投资效率有显著影响且为负相关关系。审计是独立的第三方服务，可以作为公司外部监督的一种有效机制，能有效地抑制企业管理层的盈余管理活动。相较于低质量的审计，高质量的审计往往表示对管理层的监管更加严格，可以更为有效地约束盈余管理的行为。高质量的审计可以强化企业履行社会责任相关决策的可信度，加深了利益相关者对企业社会责任实践的认同感，最终增强了利益相关者的信心，可以更大程度地改善投资效率。所以，当企业积极履行社会责任，又有高质量审计的保证时，企业通过社会责任获得的声誉得到了高审计质量的保证，利益相关者对企业更加信赖、评价也更高，进而对改善投资效率的效果更加明显。

（3）考虑到目前我国关于企业社会责任相关的披露机制还没有完善，与社会责任报告相关的法律法规制度也不够完善，外部的利益相关者对企业社会责任履行情况的了解和识别非常有限。高质量的审计可以为利益相关者提供包括企业履行社会责任这一投资决策在内的与企业生产经营有关的更多更为有用以及可靠的信息。高质量的审计有助于企业和利益相关者之间的交流，能够帮助企业的所有利益相关者更加高效及时准确地识别企业社会责任的履行情况以及履行目的，这将有利于利益相关者对企业的评价，为企业赢得更多的声誉资本，从而会进一步促进企业社会责任与投资效率的关系。同时，相较于低质量的审计，高质量的审计可以更明确地向投资者传递公司没有隐瞒负面社会责任行为（比如生产质量低劣商品、违反环境保护相关规定等）的信号，同时也佐证了企业履行社会责任的目的，减少了投资者收集企业是否具有选择性披露倾向的证据，从而能够提高利益相关者有效识别企业履行社会责任的效率，更快更准地缓解信息不对称，进一步提高企业的投资效率。基于以上分析，本书提出以下假设：

H3-3：审计质量在企业社会责任与投资效率之间起到中介作用。

H3-3a：审计质量在企业社会责任与投资过度的关系中起中介作用。

H3-3b：审计质量在企业社会责任与投资不足的关系中起中介作用。

第二节 实证研究设计

一、样本选取与数据来源

基于对数据准确性和客观性的要求以及获取的难易程度，本书的研究样本选取 2010~2019 年我国 A 股上市公司。其中，润灵环球公司（RKS）每年会对上市企业发布的社会责任公告进行评级评分，本书企业社会责任的数据采用该公司提供的评分数据来衡量；其他样本数据均来自 CSMAR 数据库。本书对选取研究样本的数据进行以下处理：

（1）金融企业与一般企业在会计准则和业务处理等方面存在不同，故将金融类样本进行剔除。

（2）对于财务状况存在异常和 ST、PT 状态的样本进行剔除。

（3）对关键财务数据和社会企业责任评分缺失的样本进行剔除。

本书在对数据进行上述处理后，共得 4010 个企业样本数据。对部分变量进行 Winsorize 处理，这样做是为了提高实证分析结果的准确性。

二、相关变量选取与定义

1. 被解释变量

被解释变量为企业投资效率。企业投资效率一直都是学术界热门的研究课题，特别是实证方面的研究。现有对投资效率进行量化的方法较多。目前，常用的方法主要有四种，即 FHP 模型、TobinQ 模型、BHV 模型及 Richardson 残差模型。Fazzari（1988）建立 FHP 模型来衡量企业投资效率，该模型的建立主要是从融资约束这一角度进行切入，考察的是企业的投资支出与内部现金流两者之间的敏感性，因此又被称为投资—现金流敏感度模型。Fazzari 认为，在不完美的市场中，现金流越高，越能促进企业的投资，之所以会出现这种现象是由融资约束所导致的，特别是融资约束越高，投资对现金流的依赖越强，敏感性越高。然而对于该模型衡量的准确性有学者提出质疑，Kalplan 和 Zingales（1997）在对 Fazzari 的研究进行新的检验时，得出不同的结论。所以，对于是否可以采用 FHP 模型进行衡量还有待验证。学者们认为，FHP 模型只适用于严格的假设条件下，只有在这样的条件下两者的正相关关系才成立。此外，两者的敏感关系也并不一定是现金流这单一因素造成的，这种现象的出现还可能是受其他因素影响，比如企业规模、性质和行业特征等，都会对被解释变量产生影响，如果未能除去这些影响，衡量的准确性会存在偏差。

Vogt（1994）提出 TobinQ 模型，与 FHP 模型相比，在该模型中加入对投资机会的考虑。FHP 模型存在的缺陷是，无法定量衡量投资效率，也无法区分非效率投资，即投资过度和投资不足。为了能够区分企业上述两种情况，Vogt 在 TobinQ 模型中考虑了现金流和投资机会。该模型虽然考虑比 FHP 模型更为全面，但是使用该模型对投资效率进行衡量仍有不足之处。例如，若想要知道某一具体企业的投资状况，使用该模型是不适用的。再如，该模型无法定量地去判别，只能区分出该企业是投资过度，还是投资不足。此外，该模型并不适用于非上市公司，因为非上市公司无法提供准确有效的 TobinQ 数据。对于上市公司使用该模型，也存在一些问题。一般认为更能代表企业投资机会的是边际 Q，然而该数据却不能有效获取，只能使用 TobinQ。

Bibble（2009）考察投资效率与财务质量的关系，在此基础上构建 BHV 模型。该方法的优点在于使用起来简单、方便，用销售增长率衡量成长机会，这个变量要比 TobinQ 更容易获取，并且能够定量衡量投资效率。此外，还排除了财务报告质量的影响。然而，该模型也存在一些不足之处，因为影响企业投资效率的因素有很多，在该模型中只考虑销售增长率这一变量，并未考虑其他变量，测量结果是否可以使用还有待进一步确定。此外，投资机会仅用销售增长率衡量，考虑不够全面。例如，投资机会也会受到研发支出、固定资产投资和股权投资等因素的影响。

Richardson（2006）提出残差模型，其研究思路是企业会根据自身的情况确定最优理想投资以及自身的实际投资，两者的差额代表投资效率。在该模型中，残差绝对值表示企业的投资效率，绝对值越小，表明投资效率越高。若残差为正，划分为投资过度；若残差为负，划分为投资不足。此外，相较于 FHP 和 TobinQ 模型不能定量衡量投资效率，该方法对投资效率可以进行定量的衡量，并且与 BHV 模型相比，对非效率投资的量化，考虑的因素更为全面。因此，我国学者研究投资效率这一主题并对其进行实证分析时，通常会采用这种方法衡量投资效率。颜剩勇（2021）衡量企业的非效率投资时，也选择了这个模型，对企业社会责任与企业投资效率进行研究。基于对以上方法的分析，本书也选择使用该方法。具体模型如式（3-1）所示：

$$\mathrm{Inv}_{i,t} = \beta_0 + \beta_1 \mathrm{Growth}_{i,t-1} + \beta_2 \mathrm{Lev}_{i,t-1} + \beta_3 \mathrm{Cash}_{i,t-1} +$$
$$\beta_4 \mathrm{Age}_{i,t-1} + \beta_5 \mathrm{Size}_{i,t-1} + \beta_6 \mathrm{Ret}_{i,t-1} + \beta_7 \mathrm{Inv}_{i,t-1} +$$
$$\sum \mathrm{Industry} + \sum \mathrm{Year} + \varepsilon_{i,t-1} \tag{3-1}$$

其中，i 代表第 i 家公司，t 代表第 t 年，模型中各变量具体说明如表 3-1 所示。

2. 解释变量

解释变量为企业社会责任。目前，学者们衡量企业社会责任履行的方法主要有四种：内容分析法、社会责任会计法、声誉打分法、指标分析法。

（1）内容分析法，该方法指对企业发布的报告进行分析，收集报告中有关企业社会责任的信息，并对其进行评价和衡量，然而基于对企业发布报告的质量和客观性问题考虑的视角，这种方法所获得的评分可能并不准确，因此应用较少。

表 3-1　Richardson 模型变量定义

变量类型	变量名称	变量符号	变量含义
被解释变量	投资水平	Inv	构建固定资产、无形资产和其他长期资产所支付的现金/期初总资产
解释变量	成长性	Growth	总资产增长率
控制变量	负债水平	Lev	资产负债率
	现金流	Cash	经营活动现金流量/总资产
	公司规模	Size	总资产自然对数
	上市年限	Age	企业上市至今年限
	股票收益率	Ret	基本每股收益
	行业	Industry	设置行业虚拟变量
	年份	Year	设置时间虚拟变量

（2）社会责任会计法，是将一部分或全部财务报表中关于企业社会责任的资产、负债和收益等信息提取出来后打分的一种方法，然而该种方法的准确性还有待确定，因此应用较少。

（3）声誉打分法，指的是在调查对象对企业进行评估后，依据所发放的问卷结果统计，对企业履行社会责任进行打分的一种方法。

（4）指标分析法，它是指通过分析影响被评价事项的主要因素来确定指标，用这些指标来构建评价体系，对企业履行社会责任情况进行分析评价。

现阶段，随着学术界对企业社会责任履行的关注越来越多，对其量化的质量要求也越来越高，测量的结果一方面必须具有科学性，另一方面要结果准确。相较于另外三种方法，指标分析法无疑更为适用。当前有专业机构对企业社会责任进行评价和衡量，得出的结果较为客观和准确，因此当前学者在对社会责任进行量化时，更青睐采用专业机构发布的数据。润灵环球公司专注于对上市企业的社会责任履行情况进行评价，其现有的评价体系是在参考 ISO26000 国际权威标准体系后，结合中国的实际情况建立的。其对社会责任的评价主要从四个方面进行，即整体性（M 值）、技术性（T 值）、行业性（I 值）、内容性（C 值），其权重为45%、30%、15%和10%，考虑较为科学和全面，并根据各方面权重得出一个总得分Score。本书将总得分对数处理，以衡量企业社会责任的履行。根据最新版本的评级指标说明，该评价体系采用结构化专家打分法。此外，对综合业和制造业来说，润灵环球机构未对行业性指标进行评价，因此将内容性、技术性的权重进行调整，分别为50%和20%。指标具体说明如表3-2所示。

表3-2　润灵环球责任指标

MCTI 指标	具体内容
M. Score	从战略、治理、利益相关方对社会责任报告进行评价
C. Score	从经济绩效、环境、公平运营、消费者、社区参与及发展方面进行评价
T. Score	从内容平衡、信息可比、报告创新、可信度与透明度、规范性、可获得及信息传递评价
I. Score	分行业设计特征指标对社会责任报告进行评价（综合与其他制造业除外）

3. 中介变量

中介变量为审计质量。目前，学术界对审计质量的衡量指标看法并不一致，总的来说分为定性和定量两种方法。

从定性方法来看，学者们采用是否是"四大"注册会计师事务所来衡量审计质量。从定量方法来看，一般采用审计费用来衡量审计质量、非操纵性应计利润等指标以判断审计质量。基于对本书研究内容以及数据获取的难易程度，本书拟采用定量方法中的公司所花费的审计费用作为审计质量的衡量标准。

4. 控制变量

在控制变量方面，本书依据现有研究，参考颜剩勇等（2021）的做法，选取如下控制变量：

（1）经营现金流（Cash）。

企业经营现金流是指不包括投资和融资活动带来的现金流，仅依靠自身经营活动所产生的现金流。它更强调的是企业依靠自身的现金流去发展，自给自足。

（2）资产负债率（Lev）。

资产负债率代表企业的偿债能力，资产负债率越低，越容易获取资金，更易出现投资过度的现象。

（3）企业成长性（Growth）。

企业成长性指的是在一定程度上代表企业的投资价值。

（4）有形资产比例（Tang）。

有形资产比例指的是固定资产/总资产，能够说明企业资产的流动性。有形资产比例越高，企业越难筹集资金去投资，会错失投资机会导致投资不足。

（5）股权集中度（Cent）。

股权集中度反映大股东所持股份的比例，可以从某种意义上反映出大股东对公司的控制。此外，本书对行业和时间虚拟变量进行控制。变量说明如表3-3所示。

表3-3　变量说明

变量类型	变量名称	变量代码	变量含义及说明
被解释变量	投资效率	Inveff	Richardson模型中残差的绝对值，绝对值越大，投资效率越低
	投资过度	Overinv	Richardson模型中残差为正
	投资不足	Underinv	Richardson模型中残差为负
解释变量	企业社会责任	CSR	用润灵环球提供的各公司总得分来衡量，并对其进行对数处理
中介变量	审计质量	AQ	采用审计费用衡量

变量类型	变量名称	变量代码	变量含义及说明
控制变量	经营现金流	Cash	经营现金流量/总资产
	资产负债率	Lev	期末负债总额对总资产的比值
	企业成长性	Growth	营业收入增长率
	有形资产比例	Tang	固定资产/总资产
	股权集中度	Cent	大股东持股比例
	行业固定效应	Ind	设置行业哑变量
	年度固定效应	Year	设置时间哑变量

三、模型设计

为验证本书所提出的研究假设，本书主要的回归模型如下：

$$\text{Inveff} = \alpha_0 + \alpha_1 \text{CSR} + \sum \alpha_k \text{Controlvariable} + \varepsilon_1 \qquad (3\text{-}2)$$

$$\text{AQ} = \beta_0 + \beta_1 \text{CSR} + \sum \beta_k \text{Controlvariable} + \varepsilon_2 \qquad (3\text{-}3)$$

$$\text{Inveff} = \gamma_0 + \gamma_1 \text{CSR} + \gamma_2 \text{SA} + \sum \gamma_k \text{Controlvariable} + \varepsilon_3 \qquad (3\text{-}4)$$

目前，国内学者们的研究中，对于中介效应的检验，大部分采用的是温忠麟的方法，此方法在学术界被广泛地接受与应用。根据中介检验程序，若系数 α_1 不显著，则停止检验中介效应；若系数 α_1 显著，则进一步检验系数 β_1 和 γ_2。若 β_1 和 γ_2 两个系数均显著，则要判断中介变量有何种作用：若系数 γ_1 显著则为部分中介效应，若系数 γ_1 不显著则为完全中介效应；若 β_1 和 γ_2 两个系数至少有一个不显著，那么需要使用 Sobel 检验进行判断。具体的中介检验流程如图 3-1 所示。

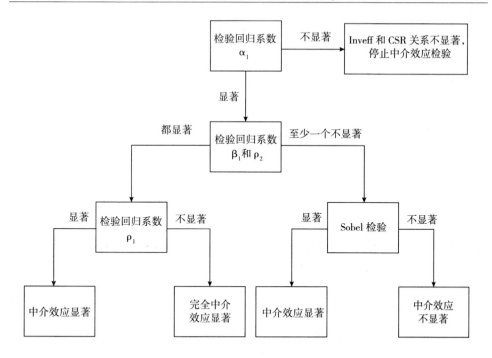

图3-1 中介效应检验流程

第三节　实证分析

一、描述性统计

为了对各变量有一个初步描述，采用描述性统计对各变量数据进行分析，结果如表3-4所示。上述描述性统计结果显示，投资效率的均值为0.0322、0.2250和0.0004分别为投资效率的最大值和最小值，标准差为0.0370。从这些数据可以看出，投资效率在不同企业之间的数值差异较大，部分企业经营效果良好，投资效率较高，也存在部分企业表现不尽如人意，投资效率较低。从上市企业总体样本来看，这些企业投资的效率较低。

表3-4　各变量描述性统计结果

Stats	N	Min	Max	Mean	SD
Inveff	4010	0.0004	0.2250	0.0322	0.0370
Overinv	1582	0.0002	0.3320	0.0431	0.0558
Underinv	2428	0.0005	0.1330	0.0260	0.0234
CSR	4010	-2.2070	4.3800	3.4950	0.6640
AQ	4010	350000	32400000	2552000	4091000
Cash	4010	-0.1470	0.2380	0.0536	0.0668
Lev	4010	0.0978	0.8960	0.5140	0.1810
Tang	4010	0.4570	1.0000	0.9390	0.0857
Cent	4010	3.39	86.35	38.70	15.95
Growth	4010	-0.6660	6.2420	0.3860	0.9630

根据表3-4数据，本书的总样本4010个，投资不足的企业2428个，占总样本的60.55%，投资过度的企业1582个，占39.45%，这表明我国上市公司中更多企业是存在投资不足问题，从而导致投资效率低下。

　　就企业社会责任而言，其平均值为3.4950，说明总体层面来看我国企业的社会责任处于一般水平。其最大值为4.3800，可以看出有的企业社会责任分数较高，企业的社会责任水平较高，其履行质量较好；其最小值为-2.2070，数值较低，说明在这些企业中存在一些企业，他们的社会责任水平还有待加强，对企业社会责任的履行质量较低；标准差为0.6640，表明就企业社会责任而言，企业之间表现相差不大。

　　就审计质量而言，其均值为2552000，最小值为350000，最大值为32400000，说明这些企业的审计质量差异较大。就经营现金流而言，其均值是0.0536，说明企业保留现金流的比例不高；标准差是0.0668，最大值是0.2380，最小值是-0.1470，表明企业间各自保留的经营现金流并不相同，且差异较大。

　　就资产负债率而言，其均值为0.5140，这个数值较高，说明我国大多数企业都是在负债经营且负债水平较高，最大值为0.8960，说明有些企业可能存在资不抵债的情况，最小值为0.0978，表明该企业的偿债能力较强。从公司成长的角度来看，平均值为0.3860，说明公司的总体发展潜力不大；其最大值为6.2420，相较而言，表明企业发展潜力高；其最小值为-0.6660，数值偏低，表明这类企业发展前景不高，其标准差为0.9630，体现了企业成长性存在差异。

　　就有形资产比例而言，其均值、最小值和最大值分别为0.9390、0.4570和1.0000，表明我国企业的资产更多是以有形资产形式存在，占企业总资产水平较高，但也能看出企业之间的有形资产占比存在差异。从股权集中度来看，平均为38.70，最高值和最低值分别为86.35和3.39，说明上市公司业间大股东持股比例存在差异较大的现象。

二、相关性分析

本书采用 Pearson 检验法进行相关性分析，结果如表 3-5 所示。表 3-5 的结果表明各变量间的相关性，在样本企业社会责任和投资效率方面，二者均呈现正相关，其值为 0.037，这表明公司的 CSR 得分越高，则其投资效率越高，从而证实假设 H3-1。

表 3-5　各变量相关性分析结果

	CSR	Inveff	Cash	Lev	Tang	Cent	Growth	AQ
CSR	1							
Inveff	0.037*	1						
Cash	0.102**	0.076**	1					
Lev	−0.038*	−0.059**	−0.245**	1				
Tang	0.02	−0.113**	−0.132**	0.069**	1			
Cent	0.067**	0.016	0.087**	0.02	0.012	1		
Growth	0.048**	−0.052**	−0.172**	0.162**	0.087**	−0.02	1	
AQ	0.039*	−0.050**	0.078**	0.158**	−0.021	0.207**	−0.066**	1

注：*$p<0.05$，**$p<0.01$。

就社会责任与审计质量而言，两者系数显著为正，其值为 0.039，说明企业社会责任可以提升企业审计质量，证实假设 H3-2。企业投资效率与审计质量的相关系数是−0.050，说明两者呈负相关关系。

除此之外，其他各变量间的相关关系较为符合预期，就相关性检验来说，本书数据较为合理。经过 VIF 检验，VIF 值均小于 10，在 1.00 左右，说明不存在多重共线性。

三、回归分析

1. 企业社会责任对投资效率影响的实证检验

为了验证假设 H3-1、H3-1a 和 H3-1b，本书分别对总样本和子样本组进行实证分析，结果如表 3-6 所示。从表 3-6 可知，就企业社会责任与投资效率而言，总样本组中，两者的回归结果与本书的研究假设相符。两者系数显著为正，为 0.00191，t 值为 2.17，说明企业的社会责任水平越高，投资效率就越高，即企业投资效率会受到企业社会责任的影响，且这种影响是正向的，验证本书的假设 H3-1。

表 3-6　企业社会责任对投资效率影响的实证检验结果

	Inveff	Overinv	Underinv
CSR	0.00191 ** (2.17)	0.00209 (0.91)	0.000307 (0.45)
Cash	0.0246 *** (2.68)	0.0606 *** (2.61)	−0.00896 (−1.24)
Lev	−0.00707 ** (−2.12)	−0.000405 (−0.05)	−0.0174 *** (−6.65)
Tang	−0.0444 *** (−6.50)	−0.0742 *** (−4.56)	−0.0198 *** (−3.54)
Cent	0.0000246 (0.67)	0.0000792 (0.89)	0.0000468 (1.58)
Growth	−0.00121 ** (−1.97)	0.000373 (0.25)	−0.00135 *** (−2.70)
_cons	0.0691 *** (9.42)	0.0984 *** (5.51)	0.0515 *** (8.69)

续表

	Inveff	Overinv	Underinv
年份	控制		
行业	控制		
N	4010	1582	2428
R^2	0.020	0.021	0.031
Adj. R^2	0.019	0.018	0.028

注：t statistics in parentheses，＊p<0.1，＊＊p<0.05，＊＊＊p<0.01。

进一步对两个子样本组进行分析，来验证假设 H3-1a 和 H3-1b。根据残差模型的测算结果，对总样本进行分组。若企业在模型测算的结果中，残差为负，则划分为投资不足组；若残差为正，则划分为投资过度组，对其进行实证分析。从表 3-6 可知，投资过度和投资不足组中的系数均为正，分别为 0.00209 和 0.000307，但两组均未通过显著性检验。结果表明，企业投资效率会受到企业社会责任的影响，且这种影响是积极的。未能验证 H3-1a、H3-1b 的原因可能在于实证研究的样本量不足或者对于分组的样本企业，企业履行社会责任缺乏有效措施对其进行监督，进一步说明企业社会责任对投资效率不具有双重治理效应。

2. 企业社会责任对审计质量影响的实证检验

从表 3-7 可知，就企业社会责任与审计质量而言，两者回归结果与假设 H3-2 相符。回归结果表明，系数显著为正，为 175240.2。即审计质量会受到企业社会责任的影响，其表现越好，审计质量越高。企业积极履行社会责任可以向外界传递出企业相关财务和非财务信息透明、高管尽职尽责和企业未来持续良好发展的形象，缓解企业与注册会计师直接的信息不对称问题，进一步提升审计质量。

表 3-7 企业社会责任对审计质量影响的实证检验结果

	AQ
CSR	175240. 2 *
	(1. 85)
cash	5429358. 1 ***
	(5. 51)
lev	4319844. 4 ***
	(12. 05)
tang	-868922. 1
	(-1. 19)
cent	49283. 9 ***
	(12. 57)
growth	-326480. 7 ***
	(-4. 90)
_cons	-1534567. 2 *
	(-1. 95)
年份	控制
行业	控制
N	3980
R^2	0. 083
Adj. R^2	0. 082

注：t statistics in parentheses，＊p<0. 1，＊＊p<0. 05，＊＊＊p<0. 01。

3. 企业社会责任、审计质量对企业投资效率影响的实证检验

为了验证审计质量是否会起到中介作用，对模型实施中介检验程序。在对假设 H3-1 和 H3-2 实证检验完成后，对假设 H3-3 进行验证，结果如表 3-8 所示。企业社会责任与投资效率在总样本组中的回归进行分析，两者呈正相关关系，说明投资效率的高低会受到企业社会责任的影响，且这种影响是积极的；对于审计

质量与投资效率，两者系数为负且通过显著性检验，说明两者呈负相关关系，投资效率会受到审计质量的影响，且这种影响是负向的。根据中介检验程序，从实证检验结果可以看出在投资效率总样本组中，系数 α_1、β_1、γ_1、γ_2 显著，说明审计质量起到了部分中介作用，并通过中介效应程序检验，从而验证 H3-3。

表3-8　企业社会责任、审计质量对企业投资效率影响的实证检验结果

	Inveff	Overinv	Underinv
AQ	−5.52e−10 *** (−3.72)	−9.67e−10 *** (−2.89)	−4.03e−10 *** (−3.20)
CSR	0.00201 ** (2.28)	0.00212 (0.92)	0.000346 (0.51)
Cash	0.0281 *** (3.04)	0.0670 *** (2.85)	−0.00647 (−0.89)
Lev	−0.00433 (−1.27)	0.00348 (0.40)	−0.0151 *** (−5.69)
Tang	−0.0450 *** (−6.58)	−0.0737 *** (−4.53)	−0.0207 *** (−3.71)
Cent	0.0000474 (1.27)	0.000146 (1.59)	0.0000564 * (1.88)
Growth	−0.00143 ** (−2.29)	−0.0000284 (−0.02)	−0.00144 *** (−2.88)
_cons	0.0683 *** (9.28)	0.0958 *** (5.35)	0.0514 *** (8.72)
年份	控制		
行业	控制		
N	3980	1571	2409
R^2	0.024	0.027	0.034
Adj. R^2	0.022	0.022	0.031

注：t statistics in parentheses，* $p<0.1$，** $p<0.05$，*** $p<0.01$。

进一步对投资不足和投资过度两个子样本组进行回归分析。按照中介检验程序，在投资过度样本组中，系数 α_1 不显著，未通过中介检验，因此假设 H3-3a 未得到验证。在投资不足组中，系数 α_1 不显著，未通过中介效应程序检验，因此假设 H3-3b 也未得到验证。这可能是由于样本内部之间的差异性决定的，也可能是由于样本量过少造成的。

四、稳健性检验

为了防止可能出现的内生性问题，同时验证模型的可靠程度，本书采用大多数学者的做法，使用可操纵性应计盈余（ABDA）来替换审计质量，代入模型（3-3）、模型（3-4）进行检验，实证结果如表 3-9 所示。表中结果表明，新的替代变量在总样本回归模型中的系数 β_1、γ_1 均在显著性水平上，这就可以验证模型是稳健的。

表 3-9　稳健性分析结果

	（1）	（2）	（3）	（4）
	ABDA	Inveff	Overinv	Underinv
CSR	0.0256 *** （27.53）	0.00128 *** （4.10）	0.00121 （1.48）	−0.000172 （−0.71）
Cash	−0.803 *** （−82.40）	0.0463 *** （12.97）	0.0932 *** （10.68）	0.00690 ** （2.34）
Lev	−0.0995 *** （−28.00）	−0.00378 *** （−3.17）	0.00427 （1.39）	−0.0150 *** （−16.02）
Tang	0.0387 *** （5.18）	−0.0487 *** （−19.65）	−0.0870 *** （−14.68）	−0.0191 *** （−9.50）
Cent	0.000314 *** （8.12）	0.0000117 （0.91）	0.0000542 * （1.74）	0.0000367 *** （3.54）

续表

	(1)	(2)	(3)	(4)
	ABDA	Inveff	Overinv	Underinv
Growth	−0.0000356	−0.00118***	0.000469	−0.00141***
	(−0.05)	(−5.45)	(0.90)	(−8.07)
ABDA		0.0264***	0.0417***	0.0185***
		(14.14)	(11.51)	(9.89)
_cons	−0.0221***	0.0723***	0.109***	0.0503***
	(−2.78)	(27.36)	(16.88)	(23.79)
年份	控制			
行业	控制			
N	31512	31512	12456	19056
R^2	0.195	0.027	0.034	0.034
Adj. R^2	0.195	0.027	0.034	0.033

注：t statistics in parentheses，＊p<0.1，＊＊p<0.05，＊＊＊p<0.01。

第四节　研究结论及建议

一、研究结论

本书以 2010~2019 年度 A 股上市公司为研究对象，研究企业社会责任、审计质量和投资效率的关系。在研究过程中，对投资效率总样本产生的投资不足、投资过度两个分组进行了回归分析，结论如下：

（1）企业社会责任可以提升投资效率，二者之间呈现正相关关系。这种结论产生的内在机理在于企业外部人员获取信息渠道少，履行社会责任的企业拓宽获取信息的渠道，更容易获取投资者信赖，较少会出现因资金不足而错过投资机会的现象，所以企业社会责任水平高一般可以提升投资效率。

（2）企业履行社会责任可以提升审计质量，二者之间呈现正相关关系。由于公司内部之间会产生信息不对称和代理问题，所以企业社会责任信息的披露可以将积极的信息传递给外部利益相关者，外部人员会更倾向于信赖这类社会责任表现良好的企业，从而能够在一定程度上提升审计质量。

（3）研究了企业的社会责任如何通过审计质量对投资效率发挥作用。研究结果表明在一定程度上存在着企业投资不足和过度投资两种非效率投资的企业可以被履行社会责任所缓解，并指出其通过影响审计质量进而影响投资效率，验证审计质量的中介作用。

二、研究建议

基于以上研究，本书提出以下建议。

1. 完善社会责任法律，建立相关法律制度

根据本书研究，企业社会责任可以提升投资效率。企业社会责任在国内引进的时间比较短，因此，企业对其关注的力度还不够大，如果要强化企业的社会责任履行，提升其履行水平，离不开政府的支持和鼓励。要想彻底改善这种状况，必须从制度上进行改变，建立相关的法律制度与监管体系，完善社会责任法律，培养和加强企业社会责任的履行。因为相应法律与监管制度的缺乏，企业会出现虚假的社会责任信息或者进行瞒报的情况，企业在对外发布相关信息时缺乏有效监督。由于信息的可信度尚不明确，难以取得有关各方的信赖，企业社会责任未能发挥应有的作用。这种现象更容易出现在非国有企业，因为相较于国有企业有政府的监管，非国有企业更缺乏相应的监督。因此，相关的法律法规应当尽快出台与完善，同时，政府也应尽快将相应的监管体系完善，并大力宣传企业履行社会责任所能够获得的正向效果，在重视国有企业履行社会责任的同时也要鼓励非国有企业积极履行社会责任，使企业履行社会责任的质量有所提升，促进投资效率的提升。

2. 树立新发展理念，提升企业履行社会责任水平

根据本书研究，一方面，企业社会责任信息的有效披露可以提高审计质量；另一方面，还可以提升企业投资效率。因此，履行社会责任的行为对企业来说不单单是纯粹的付出，还能为企业带来更多的经济利益。在国内，企业社会责任报告引进较迟，企业的社会责任意识还有待加强，企业应该重视培养社会责任感，履行社会责任。想要强化企业的社会责任感，提升其履行水平，除了政府的鼓励和支持，企业自身也应积极履行社会责任。对此，企业要树立正确的发展理念，摒弃以往的追求利润最大化的发展理念，为社会和各利益相关者的利益负起责任。例如，在建设企业文化的过程中，企业要把社会责任融入企业的文化之中，从思想观念上做出改变。此外，企业提升自身的社会责任意识，培育社会责任感，重视履行社会责任，在企业的经营中融入社会责任。例如，企业销售产品获

取利润的同时，本着对顾客负责的宗旨，确保企业的产品品质，确实履行企业的社会责任。

3. 提升自身的经营能力，争取获得高质量审计意见

根据本书研究，审计质量作为中介变量，对投资效率有着重要影响。要想改变企业面临资金困难的现状，除了政府发挥应有作用外，企业自身也应做出积极努力。一方面，企业应提高自身经营能力，提升其核心竞争能力，尽可能地为自身保留现金流。例如，在销售产品时尽量现销，在采购商品时利用自身核心竞争力延迟付款。提高资金利用程度，减少对外部资金依赖。另一方面，企业要维护好与外部审计机构之间的关系，争取获得高质量审计意见。这样在获取外部资金时，可以降低难度。

三、研究局限性

本书研究仍存在一些局限性需要加以改进，具体如下：

（1）在研究过程中，由于非上市公司数据难以获得，本书仅选择了我国 A 股上市公司作为研究对象，这样存在的问题就是得出的结论是否适用于非上市企业还有待验证。

（2）本书在进行实证研究时，已得出一些结论，但是由于影响投资效率的因素较多，尽管已对一些变量进行控制，但还有一些变量可能会被忽略，未纳入考虑范围之中。

第四章

ESG 表现、审计质量与企业价值

随着经济的飞速发展，人们越来越重视企业环境、社会责任感、治理效能等非财务绩效指标，因此，ESG 应运而生，以满足企业投资理念和评价标准的需求。在我国持续推进经济高质量发展的背景下，积极促进企业履行 ESG 行为具有重要意义。随着 ESG 受到越来越多国家、政府等监管机构以及企业的重视，兼顾环境、社会、公司治理因素的 ESG 投资理念逐渐扩散至全球，成为国际投资界的主流趋势。在中国，随着《上市公司治理准则》《企业环境信息依法披露管理办法》《全球报告倡议组织可持续发展报告指南》《企业 ESG 信息披露通则》团体标准等政策的发布，国内的中大型企业也在积极推广与 ESG 相关的监管、投资、管理活动。

　　本书选取沪深上市 A 股企业 2011~2021 年的面板数据，通过构建固定效应模型，实证检验了 ESG 表现与企业价值及审计质量在 ESG 表现对企业价值的影响路径。研究结果发现，企业积极履行 ESG 表现可以提高企业价值，较高的审计质量促进企业价值的提升，以及审计质量对 ESG 表现与企业价值之间的关系具有部分中介作用。在异质性分析研究中，在低污染行业和高融资分组中，ESG 表现都能促进审计质量的提升进而提升企业价值。

第一节　引言

　　联合国环境规划署在 2004 年第一次阐述了相关 ESG 理念，旨在表明企业在进行生产经营活动过程的同时不应该忽视企业的 ESG 表现，ESG 是从环境、社会责任和公司治理三个方面全面衡量企业表现的指标，具体涵盖了企业的发展需要对环境保护、履行社会责任、公司治理责任三个方面的重视程度。相较于之前的社会责任（CSR），ESG 的评级所包含的社会道德、环境治理等标准，拓宽了社会责任评价标准。由于 ESG 发展理念与党的十九大报告中所提出的"创新、协调、绿色、开放、共享"的新发展理念相吻合，因此，近年来，政府有关部门推出了一些与 ESG 发展理念相关的政策，希望以此为治理基础，在一定程度上促进企业的经济价值和社会价值的提升。

　　党的二十大报告指出，要坚持以推动高质量发展为主题，把实施扩大内需战略同深化供给侧结构性改革有机结合起来，着力提高全要素生产率，推动经济实现质的有效提升和量的合理增长。盛明泉等（2022）以家族企业为研究背景实证分析 ESG 与全要素生产率 TFP 关系，实证结果表明 ESG 表现能够显著促进其全要素生产率的提高。而全要素生产率的提升将进一步显著推动企业价值的显著提升。从现有文献来看，早期 ESG 研究主要是从环境、社会责任和公司治理的方面研究影响的结果，大多数学者通过研究都肯定了 ESG 对于企业价值的正向促进作用。但也有少数学者借助资源有限性假说、委托代理理论等认为，企业对 ESG 方面的投入会增加企业额外成本，减少了部分应该增加股东利益的资源，偏离了股东权益最大化的目标。

　　而审计作为独立于外部投资方和企业自身的第三方机构，对其所进行审计的企业可以起到一个监管制约作用，通过对其所披露的财务信息和非财务信息的真实性提供一定程度的判别，同时也可以制约企业的管理行为来改善企业内部控制，提升企业治理能力，进一步缓解企业与注册会计师间存在的信息不对称问题，提高企业价值。但关于企业 ESG 表现会在审计质量的影响下对企业价值产生什么样的影响，相关研究还不是很多，那么，当企业 ESG 表现的变化影响企业价值时，审计质量在其中起到了一个什么样的作用？基于可持续发展理论和信息不对称理论，本书以 2011～2021 年沪深 A 股上市公司为研究样本，实证检验ESG 表现对企业价值的影响以及审计质量在两者关系中发挥的中介作用，并进一步研究不同融资约束程度、是否为重污染行业情况下的 ESG 表现对企业价值的异质性影响。

第二节　理论分析与研究假设

一、理论分析

党的二十大报告指出，着力扩大内需，增强消费对经济发展的基础性作用和投资对优化供给侧结构的关键作用。投资活动在企业进行一系列与财务相关的决策中发挥着较为重要的作用，对于企业价值的提升有非常重要的意义。因此，如何做到科学地制定投资决策，提升投资效率成为当下企业面临的问题所在。在各个企业的内外部治理制度中由于存在一定的缺陷使信息不对称问题得不到有效的缓解，产生了某种程度上的非效率投资，主要表现为投资不足和过度投资两个方面。这种非效率投资的存在使企业在使用资金时的效率降低了，对企业的经营发展产生了负面影响，在融资约束程度较高的企业更是如此，由于信息不对称问题的加剧，企业更难获取到外部资金，投资也会受到更多限制，影响企业的价值。

周中胜等（2017）从内部控制视角出发，借助所构建的企业内控指数，依据相关基础理论，研究了投资决策与期权价值的影响关系，发现企业进行合适的投资决策可以在一定程度上抑制非效率投资行为，进而正向促进企业价值的提升。由于投资活动是公司权益价值创造的重要驱动力之一，因此，公司的增长和清算期权价值与公司的投资活动直接相关，学者们研究了其对于企业的投资决策和期权价值的影响，研究发现投资决策能在一定程度上抑制企业进行非效率投资，且对于过度投资的抑制性更强。提升企业进行投资时的效率，可以为企业带来更多的企业绩效，进而促进企业价值提升，且内部控制对公司投资效率的影响更多地体现为抑制过度投资而非缓解投资不足。

公司生产经营的目的是尽可能运用较低的资金成本获取更高的经济效益，实现股东权益最大化。根据最优资本结构理论，在完美市场下，企业只会选择投资净现值为正的项目。然而，在真实的资本市场中，由于管理者与外部利益相关者信息不对称等原因，公司在生产经营过程中极有可能出现一定程度的过度投资和投资不足。两者都属于较为低效率的投资。如果存在过度投资，则意味着企业已经投资了净现值为负的项目，而如果存在投资不足，则意味着企业已经放弃了对净现值为正的项目的投资，这将在很大程度上降低企业获得最大经济效益的能力，从而导致资产配置效率低下，而且还会导致公司的价值无法持续增长。

陈明利等（2018）认为在融资约束的影响下企业只有不断提升投资效率，利用有效的资金创造最大化的经济效益，才能提升企业在资本市场中的竞争力，才能不断利用高效率投资获得较好的企业价值。投资作为企业财务管理的核心，不仅对各项经营与管理活动产生影响，更是关乎企业生死存亡的关键，投资效率越高在一定程度上可以表明企业盈利能力就越强，就越能用有效的资本换取最大化的财务绩效，对企业价值提升就能产生更好的促进作用。

企业的可持续成长取决于企业进行的每一笔投资，同时也可以推动地区的经济发展。从委托代理理论方面而言，公司是由利益相关者，其中包括经营者、政府部门、外部投资者等所组成的一个大型机构。由于信息不对称问题和合同的不完备性等市场缺陷的存在，管理层有可能为了追求自身最大的利润而在投资项目时进行过度的投资，或者放弃净现值大于零的项目造成投资不足的问题，从而使得投资效率低下，不利于企业价值的提升。从已有的文献来看，我们可以验证企业的投资效率与企业价值之间存在正相关关系，在实现"碳中和、碳达峰"和可持续发展的背景下，综合考虑公司财务信息和非财务信息披露的完整性，ESG 表现应运而生，现有 ESG 研究多围绕企业价值以及公司绩效等方面，大多数学者通过实证研究表明，公司的 ESG 表现能有效改善公司绩效，提高投资效率。因此，我们通过以上分析得出，ESG 表现对企业价值存在一定的影响关系，而在企业生产经营过程中，每年编制财务报表时，会面临会计师事务所的审计，并为其出具相应的审计报告。因此，审计质量的好坏会影响企业与外部利益相关者的关系，进而影响到企业外部资金的获取，影响企业价值的提升。因此，审计质量如何在 ESG 表现与企业价值之间发挥作用机制是我们接下来研究的重点。

二、研究假设

ESG 表现是针对企业的生产经营活动所作出的一个重要的综合评价指标，这个指标可以评价企业在环境、公司治理等方面的表现情况，并且在企业进行投资时给予一定程度的支持。从可持续发展理论方面看，企业价值离不开一个企业的生产经营等各项活动的持续运行，而这与企业的 ESG 表现密不可分。一方面，ESG 责任着重强调了企业必须按照法律法规的要求进行生产经营活动。对于环境可能带来的风险，积极选择风险管理战略的企业管理层所具有的环境治理保护意识责任强，大股东和高层在进行决策时不会选择仅满足短期法则的战略目标，可以降低委托代理风险。另一方面，ESG 表现良好的企业与员工拥有共同的责任文化理念，员工会提高对于企业的认可程度，从而会排斥消极懈怠工作的行为，这在某种程度上会充分调动各个部门以及下属员工的积极能动性与参与感，引领企业走绿色化和可持续化的发展型道路。

基于利益相关者理论，ESG 表现可以促进债权人、股东以及社会公众等多方实现协同共赢。企业自觉地践行 ESG，帮助企业向外部利益相关者传递企业已经在努力地积极履行社会责任的信息，建立起良好的社会关系，提升了企业适应当下环境、利用环境资源和获取资本市场上竞争优势的能力，进一步提升了企业在市场中的综合竞争力，从而促进企业价值的提升。对于政府而言，企业具有良好的 ESG 表现可以使其与政府构建起紧密的关系，在国家碳达峰和碳中和目标的背景下，主动进行 ESG 信息披露能够得到政府的补助扶持，在政治上具有较强的竞争优势，更容易获得政府补贴和绿色信贷等，利于企业在市场中的生存发展，市场竞争力得到进一步巩固，进而促进企业自身价值的提升。

对于社会公众而言，良好的 ESG 表现有利于获取公众对企业的价值观的认可，积极提升企业的信誉，群众的购买意愿会增强许多，实现企业价值的提升。国家出台了与绿色发展理念相关的政策，提升了广大群众的环保意识，企业所弘扬的价值观念与当下绿色理念契合与否会直接关系到公众所认知的企业声誉。结合声誉理论，企业无形资产包含商誉，良好的 ESG 表现意味着企业为整个社会作出一定的贡献，可以为企业积累信誉，提高社会公众对企业的信任感，增强了顾客对于企业的忠诚感。对政府而言，企业具有良好的 ESG 表现可以使其与政府构建起较为紧密的关系，在国家碳达峰和碳中和目标的背景下，主动进行 ESG 信息披露能够更容易得到政府的补助、税收优惠等政策的扶持，在政治上相对于那些低 ESG 表现的企业具有更强的竞争优势，更容易获得政府补贴和绿色信贷等，有利于企业在激烈竞争的市场中生存与发展，市场竞争力考验得到进一步巩固，进而促进企业自身价值的提升。

基于此，本书提出以下假设：

H4-1：ESG 表现与企业价值呈正相关。

基于社会责任理论，ESG 表现代表着与企业生产经营相关联的各利益方的协调利益能否得到有效和正确分配，包括股东的利益、降低债权人的风险、员工的权益等。向外界传递出企业积极履行社会责任的信息，帮助企业树立良好的声誉。那么可以降低企业面临的监管风险和诉讼风险，进一步可以降低企业面临的财务报表重大错报风险，提高审计师在审计过程中的精确程度，进而提升审计质量。对于审计师而言，ESG 表现良好反映出企业履行社会责任的积极信号，将会吸引更多优秀的会计师事务所来对其的一些事务进行审计，企业也非常愿意接受优秀的会计师事务所审计，可以向外界展示出企业自身的文化和目前的经营状况，吸引更多的投资者。同时优秀的会计师事务所可以出具较高的审计质量报告，通过影响审计师的选择提高被审计企业的审计质量。从委托代理理论来看，公司治理结构的完善可以防止委托代理问题的发生，降低由于高管干预导致企业的审计质量的下降。比如：投资行为的不确定性使审计师难以出具有质量的审计报告（董小红和孙文祥，2021）。对于审计师而言，公司治理水平的提升可以监督和制约高管滥用职权的行为，进一步加大对企业内控制度的信任性，获取更加可靠的证据，降低审计过程的风险，提升审计质量。基于此，本书提出以下假设：

H4-2：良好的 ESG 表现可以促进企业审计质量的提升，二者呈正相关关系。

基于信息不对称理论，企业积极披露 ESG 表现的行为可以向政府、投资者等各利益相关者传递出企业透明的一些信息和企业未来发展趋势良好的形象，同时也能缓解企业和注册会计师之间的信息不对称问题，在审计过程中减少不必要及一些较为烦琐的审计程序，优化审计流程，降低审计风险成本，提高审计质量。而审计质量可以有效率地打破企业与投资者之间存在的信息壁垒，缓解信息不对称问题，从而提高企业价值。企业主动履行 ESG 表现的行为，可以减少审计师获取审计信息的难度，有效降低审计过程花费的审计成本和可能发生的财务报告重大错报的风险。会计师事务所对企业做出标准的审计意见，出具审计报告，提高审计质量。良好的 ESG 表现有助于企业获取外部资源。已有研究表明，企业积极进行 ESG 信息披露的行为有助于企业增强消费者黏性、获取资金支持等，这为企业营造了适宜的生产经营环境，审计师会在了解被审计单位所处环境的基础上做出经营风险较低的判断，审计质量就会提升，对外传递出企业在环境责任、社会责任与公司治理责任方面积极作为及响应制度号召的信息，降低了企业所面临的监管处罚与违法风险，进而可以在一定程度上提升企业价值。基于此，本书提出以下假设：

H4-3：在 ESG 表现对企业价值的影响中，审计质量发挥部分中介效应。

第三节　实证研究设计

一、样本来源

本书选取了 2011~2021 年的沪深 A 股上市企业数据，以此为基础开展实证分析。为了便于后续分析，本书首先对样本数据进行了如下处理：

（1）剔除变量数据严重缺失的公司。

（2）剔除 ST、＊ST 和 PT 的公司。

（3）剔除金融类上市公司。

经处理后最终得到 30549 个样本数据。相关数据来源如下：通过 Wind 数据库获取了企业 ESG 信息，通过国泰安数据库（CSMAR）获取了企业审计质量信息及其他财务指标。为了消除极端值的影响，提高分析的有效性，本书针对变量开展了 1% 的缩尾处理，然后利用 Excel 和 Stata17.0 两大软件对数据进行处理分析。

二、变量定义

1. 被解释变量

被解释变量为企业价值（ROA）。通过阅读大量文献，发现在已有研究中，TBQ、ROA、ROE 等变量都可以用来衡量企业价值，本书采用 ROA 来衡量企业价值。本书采用总资产净利润率（ROA）来代表企业价值。总资产净利润率是用来衡量每单位资产创造多少净利润的指标，是企业盈利能力的衡量指标。后续稳健性检验用 ROE 替换被解释变量作为稳健性检验进一步研究。

2. 解释变量

解释变量为 ESG 表现。随着 ESG 理念的不断发展，ESG 评级体系已经逐渐被国内外越来越多的企业所发布，上海华证公司在国外主流的评级体系之上进行了调整，制定出一套能有效评价我国上市公司信息披露的 ESG 体系，本书在此基础上结合高杰英等（2021）的研究成果开展后续研究，参考上海华证公司 ESG 评价体系，将企业 ESG 表现主要分为 9 个等级，由低到高为 C 级至 AAA 级，每个等级都对应着不同的赋值，本书将 C 级至 AAA 级分别对应 1~9 分进行赋值，ESG 评级的分数越高代表企业 ESG 表现越好。

3. 中介变量

中介变量为审计质量。通过阅读整理分析文献，本书采用企业当年的财务报告是否被出具了标准审计意见作为衡量指标，被出具标准审计意见为 1，否则为 0。一般而言，审计意见可以反映出注册会计师在进行审计过程中的独立性和职业的谨慎性，综合体现审计质量。

4. 控制变量

参考已有学者的相关研究，控制了有可能对企业生产经营发展产生影响的相关因素，并进行了筛选，最终采用公司规模（Size）、托宾 Q 值（TobinQ）、资产负债率（Lev）、营业收入增长率（Growth）、现金流比率（Cashflow）、固定资产占比（Fixed）、存货占比（Inv）作为控制变量，如表 4-1 所示。

表 4-1　变量定义

变量类型	变量名称	符号	变量解释
被解释变量	企业价值	ROA	净利润/总资产平均余额

续表

变量类型	变量名称	符号	变量解释
解释变量	ESG 表现	ESG	按照 ESG 等级进行 1~9 赋值
中介变量	审计质量	Opinion	公司财务报告被出具标准审计意见，为 1，否则为 0
控制变量	公司规模	Size	年总资产的自然对数
	资产负债率	Lev	年末总负债除以年末总资产
	托宾 Q 值	TobinQ	（流通股市值+非流通股股份数×每股净资产+负债账面值）/总资产
	现金流比率	Cashflow	经营活动产生的现金流量净额除以总资产
	营业收入增长率	Growth	本年营业收入/上一年营业收入−1
	固定资产占比	Fixed	固定资产净额与总资产比值
	存货占比	Inv	存货净额与总资产的比值

三、模型构建

第一，为检验 ESG 表现对企业价值的促进作用，本书以企业价值（ROA）作为被解释变量，ESG 表现作为解释变量，建立模型（4-1）以检验假设 H4-1，若模型中系数 α_1 显著为正，则假设 H4-1 成立。

$$ROA_{i,t}=\alpha_0+\alpha_1 ESG_{i,t}+\alpha_2 Size_{i,t}+\alpha_3 Lev_{i,t}+$$
$$\alpha_4 TobinQ_{i,t}+\alpha_5 cashflow_{i,t}+\alpha_6 Growth_{i,t}+$$
$$\alpha_7 fixed_{i,t}+\alpha_8 inv_{i,t}+\sum year+\sum ind+\varepsilon_{i,t} \tag{4-1}$$

第二，为检验 ESG 表现对审计质量的影响，以审计质量（Opinion）作为被解释变量，ESG 表现（ESG）作为解释变量，建立模型（4-2）以检验假设 H4-2。考察回归方程中 β_1 的显著性，验证假设 H4-2 是否成立。

$$Opinion_{i,t}=\beta_0+\beta_1 ESG_{i,t}+\beta_2 Size_{i,t}+\beta_3 Lev_{i,t}+$$

$$\beta_4 \text{TobinQ}_{i,t} + \beta_5 \text{cashflow}_{i,t} + \beta_6 \text{Growth}_{i,t} +$$

$$\beta_7 \text{fixed}_{i,t} + \beta_8 \text{inv}_{i,t} + \sum \text{year} + \sum \text{ind} + \varepsilon_{i,t} \tag{4-2}$$

第三，以审计质量作为中介变量，检验企业 ESG 表现对企业价值影响的中介效应，建立模型（4-3）以检验假设 H4-3，若存在，进一步判断中介效应属于什么类型。

$$\text{ROA}_{i,t} = \gamma_0 + \gamma_1 \text{ESG}_{i,t} + \gamma_2 \text{Opinion}_{i,t} + \gamma_3 \text{Size}_{i,t} +$$

$$\gamma_4 \text{Lev}_{i,t} + \gamma_5 \text{TobinQ}_{i,t} + \gamma_6 \text{cashflow}_{i,t} +$$

$$\gamma_7 \text{Growth}_{i,t} + \gamma_8 \text{fixed}_{i,t} + \gamma_9 \text{inv}_{i,t} + \sum \text{year} + \sum \text{ind} + \varepsilon_{i,t} \tag{4-3}$$

目前，对于有关中介效应的检验，国内学者的研究中，大部分所采用的是温忠麟的方法进行验证，此方法在学术界被广泛地接受与应用。根据中介检验程序，若 ESG 表现对绿色技术创新的影响系数 α_1 不显著，则停止检验中介效应；若系数 α_1 显著，则进一步检验系数 β_1 和 γ_2。若 β_1 和 γ_2 两个系数均显著，则要判断中介变量有何种作用：即系数 γ_1 显著则为部分中介效应，系数 γ_1 不显著则为完全中介效应；若 β_1 和 γ_2 两个系数至少有一个不显著，那么需要使用 Sobel 检验进行判断。若通过 Sobel 检验，则中介效应显著，反之，中介效应不显著。

第四节　实证分析

一、描述性统计

本书对样本数据进行描述性统计，如表4-2所示。从被解释变量来看，企业价值（ROA）的平均值为 0.044，最小值是 -0.398，最大值是 0.254，标准差为 0.065，说明所选的样本公司的市场价值差距较小，但仍然存在规模上的差异性。从解释变量来看，ESG 评级最小值为 1，最大值 8，均值为 4.155，标准差为 1.102，表明大部分企业 ESG 评级水平处于中等地位并且不同企业存在着评级差距。审计质量（Opinion）的平均值为 0.976，最大值与最小值相差为 1，说明不同企业被出具标准意见的结果并不总是一致的情况，部分企业出具了标准意见，部分企业没有出具标准意见。

表 4-2　描述性统计

Variable	N	Mean	SD	min	max
ROA	30549	0.044	0.065	-0.398	0.254
ESG	30549	4.155	1.102	1	8
Opinion	30549	0.976	0.152	0	1
Size	30549	22.20	1.295	19.52	26.43
TobinQ	30549	1.999	1.389	0	17.73
Cashflow	30549	0.047	0.074	-0.744	0.876
Lev	30549	0.415	0.405	0.031	0.925
Growth	30549	0.175	0.160	-0.66	4.330
Fixed	30549	0.209	0.134	0	0.971
Inv	30549	0.142	0.065	0	0.943

从控制变量上看，样本企业的公司规模（Size）平均值为22.20，最小值为19.52，最大值为26.43，标准差为1.295，由此可见在不同上市企业之间，企业资产规模差距较大。样本企业的托宾 Q 值（TobinQ）的均值为1.999，标准差为1.389，最小值为0，最大值为17.73，表明不同企业间的企业价值存在一定的差异，波动较大。样本公司的资产负债率（Lev）的均值为0.415，标准差为0.405，最小值与最大值相差0.9左右，由此可见，不同企业承担的负债有一定的差距，部分公司存在较高的财务杠杆，对企业的生产经营具有影响。样本期间营业收入增长（Growth）年均增长17.5%，最小值为 -0.66，最大值为4.330，可以判断出有些企业的营业收入可能在逐年减少，并且不同公司间的差异较大。样本企业固定资产占比（Fixed）的平均值为0.209，标准差为0.134，最小值与最大值分别为0和0.971，可以看出不同样本企业对固定资产的有效使用存在较大的区别。存货占比（Inv）的平均值是0.142，标准差为0.065，最小值与最大值之间相差0.943，说明不同企业对存货的利用率参差不齐，少数公司的存货占比较大，影响企业的资金周转率。

二、相关性分析

本书对主要变量进行了皮尔森相关系数来检验各个变量之间的相关性，结果如表4-3所示，企业价值（ROA）与 ESG 评级之间的相关性系数为0.226，说明企业的 ESG 评级会对企业的价值起到一个促进作用，并且二者之间呈现一个显著的正相关关系，初步验证了假设 H4-1，即 ESG 评级与企业价值之间呈正相关关系。ESG 评级与审计质量的相关系数是0.153，且在1%水平上显著，说明 ESG 表现良好的企业，促进企业的审计质量提升，初步验证了假设 H2。其他变量之间的相关性系数大多均在0.5以下，说明选取了较为合理的控制变量。

表 4-3 相关分析

	ROA	ESG	Opinion	Size	TobinQ	Cashflow	Lev	Growth	Fixed	Inv
ROA	1									
ESG	0.226***	1								
Opinion	0.223***	0.153***	1							
Size	-0.039***	0.183***	0.035***	1						
TobinQ	0.161***	-0.098***	-0.062***	-0.331***	1					
Cashflow	0.379***	0.074***	0.064***	0.070***	0.095***	1				
Lev	-0.376***	-0.066***	-0.107***	0.528***	-0.241***	-0.157***	1			
Growth	0.234***	-0.001	0.049***	0.038***	0.049***	0.026***	0.026***	1		
Fixed	-0.096***	-0.055***	0.00200	0.110***	-0.093***	0.212***	0.095***	-0.067***	1	
Inv	-0.085***	0.059***	0.005	0.124***	-0.085***	-0.204***	0.310***	0.024***	-0.281***	1

注: t statistics in parentheses, * $p<0.1$, ** $p<0.05$, *** $p<0.01$。

此外，由于变量之间多重共线性的存在可能会影响各变量的标准差，使各变量之间的显著性发生改变，因此，本书对主要变量还进行了多重共线性检验，如表4-4所示。研究结果发现各主要变量 ESG 表现、审计质量以及企业价值的 VIF 值都小于0.5，且其他控制变量的 VIF 值均小于2且大于1，通常情况下以 VIF=10 作为多重共线性是否严重的分界线，VIF<10 表明多重共线性不太严重，而本书的 VIF 均接近1，表明各变量间不存在严重的多重共线性问题，不会对下文的回归结果产生严重影响。

表4-4　共线性检验

Variable	VIF	1/VIF
Lev	1.710	0.585
Size	1.640	0.611
Inv	1.260	0.791
Fixed	1.190	0.838
TobinQ	1.170	0.857
Cashflow	1.150	0.871
ESG	1.110	0.901
Opinion	1.050	0.953
Growth	1.020	0.985

三、基本回归结果

基于上述多元回归结果，我们从表4-5第（1）列可以看出：仅控制年份和行业固定效应时 ESG 表现（ESG）与企业价值（ROA）的回归系数为0.008，且在1%水平上显著正相关，表明 ESG 表现与企业价值显著正相关。从表4-5第

（4）列可以看出：添加了控制变量后 ESG 表现（ESG）与企业价值（ROA）的回归系数为 0.005，显著性仍然保持在 1% 水平上不变。这表明上市公司良好的 ESG 表现可以显著提高企业的价值，二者之间呈现出正相关关系，验证了本书的假设 H4-1。表明企业在社会公众的监督约束下，在资本市场上向外部传递出积极履行社会责任的信息，提升企业的声誉，获得更多客户的信任，在资本市场中具有竞争优势，进而提升企业价值。

采用是否出具标准意见检验 ESG 表现对审计质量的影响，如表 4-5 第（5）列所示。ESG 表现与审计质量存在显著的正相关关系，相关系数为 0.009，在 1% 水平上显著。说明企业所展现出的良好的 ESG 表现可以通过减少不必要且较为烦琐的审计程序，降低企业与注册会计师之间的信息不对称程度，使获取审计信息变得更为可靠，审计风险成本降低，进而提升企业的审计质量，假设 H4-2 成立。

由表 4-5 第（6）列可知，将企业 ESG 表现与审计质量同时纳入企业价值的回归模型后，ESG 表现与企业价值的回归系数仍在 1% 的置信水平上显著，回归系数由 0.005 到 γ_2 的值为 0.004，审计质量的系数为 0.045，为 γ_1 的值，并在 1% 水平上显著，且 $\beta_1\gamma_2$ 与 γ_1 的符号相同，根据温忠麟等（2004）的研究可知，审计质量在 ESG 评级对企业价值的驱动作用中发挥了部分中介作用，假设 H4-3 得以验证，可以证明 ESG 表现，审计质量、企业价值这一传导路径存在。

表 4-5 不加控制变量和加控制变量的回归结果

	（1）ROA	（2）Opinion	（3）ROA	（4）ROA	（5）Opinion	（6）ROA
ESG	0.008*** (0.001)	0.012*** (0.002)	0.007*** (0.001)	0.005*** (0.000)	0.009*** (0.002)	0.004*** (0.000)
Opinion			0.066*** (0.004)			0.045*** (0.004)

	（1） ROA	（2） Opinion	（3） ROA	（4） ROA	（5） Opinion	（6） ROA
Controls	NO	NO	NO	YES	YES	YES
_cons	0.015 （0.024）	1.005*** （0.075）	−0.052** （0.023）	−0.261*** （0.034）	0.630*** （0.132）	−0.289*** （0.033）
Year	Yes	Yes	Yes	Yes	Yes	Yes
Industry	Yes	Yes	Yes	Yes	Yes	Yes
N	30549	30549	30549	30549	30549	30549
F	31.082	3.210	39.455	93.378	4.498	97.970
R^2	0.059	0.012	0.089	0.280	0.033	0.294

注：Standard errors in parentheses，＊p<0.1，＊＊p<0.05，＊＊＊p<0.01。

四、稳健性检验

1. 滞后一期检验

考虑到 ESG 表现与企业价值之间存在的内生性问题，将解释变量 ESG 表现和控制变量同时进行滞后一期，检验滞后一期的 ESG 表现对审计费用的影响是否仍存在显著正相关，以及审计质量的中介效应是否仍然成立。回归结果如表 4-6 所示，滞后一期的 ESG 表现与企业价值 ROA 回归系数为 0.004，且 1% 的水平上为正向显著，与假设 H4-1 相符；且审计质量的部分中介效应仍存在，证明本书的结论是稳健的。

表 4-6 解释变量和控制变量滞后一期

	（1） ROA	（2） L. Opinion	（3） ROA
L. ESG	0. 004 *** （0. 001）	0. 006 *** （0. 002）	0. 004 *** （0. 001）
L. size	−0. 017 *** （0. 002）	0. 012 *** （0. 005）	−0. 017 *** （0. 002）
L. TobinQ	0. 004 *** （0. 000）	0. 000 （0. 001）	0. 004 *** （0. 000）
L. cashflow	0. 105 *** （0. 008）	−0. 004 *** （0. 022）	0. 105 *** （0. 008）
L. Lev	−0. 034 *** （0. 006）	−0. 129 *** （0. 022）	−0. 031 *** （0. 006）
L. Growth	0. 019 *** （0. 001）	0. 014 *** （0. 004）	0. 019 *** （0. 001）
L. fixed	−0. 031 *** （0. 007）	0. 030 （0. 019）	−0. 032 *** （0. 007）
L. inv	0. 014 * （0. 008）	0. 093 *** （0. 028）	0. 012 （0. 008）
L. Opinion			0. 024 *** （0. 005）
_cons	0. 371 *** （0. 049）	0. 697 *** （0. 028）	0. 355 *** （0. 049）
Year	Yes	Yes	Yes
Industry	Yes	Yes	Yes
N	26072. 000	26072. 000	26072. 000
R^2	0. 096	0. 021	0. 099
F	27. 179	2. 743	27. 558

注：Standard errors in parentheses， ＊p<0. 1， ＊＊p<0. 05， ＊＊＊p<0. 01。

2. 替换被解释变量

用净利润与股东权益平均余额比值（ROE）替换掉被解释变量企业价值的衡量指标，结果如表 4-7 所示，ESG 与替换之后的被解释变量相关回归系数为 0.009，且在 1% 水平上显著，结果与主回归的结果基本保持一致。证明结论是具有稳健性的。

表 4-7 替换被解释变量 ROE

	(1) ROE	(2) Opinion	(3) ROE
ESG	0.009 *** (0.001)	0.009 *** (0.002)	0.008 *** (0.001)
size	0.041 *** (0.003)	0.020 *** (0.005)	0.038 *** (0.003)
TobinQ	0.009 *** (0.001)	−0.000 (0.001)	0.009 *** (0.001)
cashflow	0.274 *** (0.018)	0.025 (0.022)	0.271 *** (0.018)
Lev	−0.326 *** (0.015)	−0.187 *** (0.021)	−0.303 *** (0.014)
Growth	0.064 *** (0.003)	0.014 *** (0.004)	0.019 *** (0.002)
fixed	−0.123 *** (0.014)	−0.006 (0.020)	−0.122 *** (0.013)
inv	0.106 *** (0.019)	0.123 *** (0.030)	0.091 *** (0.019)
Opinion			0.120 *** (0.010)

续表

	(1) ROE	(2) Opinion	(3) ROE
_cons	-0.776 *** (0.049)	0.630 *** (0.028)	-0.851 *** (0.049)
Year	Yes	Yes	Yes
Industry	Yes	Yes	Yes
N	30549.000	30549.000	30549.000
R^2	0.219	0.033	0.240
F	59.004	4.498	62.278

注：Standard errors in parentheses，$*p<0.1$，$**p<0.05$，$***p<0.01$。

3. PSM 处理

为防止变量之间互为因果进行影响，本书采用 PSM 倾向得分匹配进行稳健性检验。首先将 ESG 表现（ESG）大于均值 4 的样本划分为实验组，小于 4.155 的样本划分为对照组；其次将影响实验组的托宾 Q 值、资产负债率、营业收入增长率等变量为匹配变量进行回归；再次选取最近邻匹配方法与对照组进行 1∶1 有放回的匹配；最后使用匹配后的样本进行回归。回归结果如下，说明其研究结果是稳健的。PSM 倾向得分匹配如表4-8 所示。

表4-8 PSM 倾向得分匹配

	(1) ROA	(2) Opinion	(3) ROA
ESG1	0.015 *** (0.001)	0.018 *** (0.002)	0.014 *** (0.001)
Opinion			0.052 *** (0.002)

续表

	(1) ROA	(2) Opinion	(3) ROA
_cons	-0.132*** (0.007)	0.836*** (0.019)	-0.176*** (0.008)
Controls	Yes	Yes	Yes
Year	Yes	Yes	Yes
Industry	Yes	Yes	Yes
N	23732.000	23732.000	23732.000
R^2	0.390	0.020	0.401
F	400.518	14.057	408.659

注：t statistics in parentheses，*p<0.1，**p<0.05，***p<0.01。

五、异质性分析

为了深入探讨企业 ESG 表现对企业价值的推动作用，本书按照融资约束程度以及是否为重污染企业分别进行了分组回归分析。

1. 融资程度高低的异质性

由于企业的污染程度不同，相较于非重污染行业而言，重污染行业企业面临更大的融资约束。在倡导双碳可持续发展理念的背景下，重污染企业会受到较为严格的制度和政策监管。在国家和政府的双重压力下，重污染企业不会忽视其在环境中的行为，其应在环境处理策略进行积极落实，以降低环境造成的风险成本。考虑企业融资约束的异质性对企业价值的影响，依据融资约束指数，将中位数及以上的企业划分为高融资约束组，中位数以下的企业划分为低融资约束组，即大于中位数0.508的为高融资，小于中位数0.508的为低融资，如表4-9所示。

表 4-9 融资程度的异质性检验

	融资程度高			融资程度低		
	ROA	Opinion	ROA	ROA	Opinion	ROA
ESG	0.004*** (0.001)	0.010*** (0.002)	0.004*** (0.001)	0.003*** (0.001)	0.006*** (0.002)	0.003*** (0.001)
Opinion			0.037*** (0.005)			0.044*** (0.005)
Controls	Yes	Yes	Yes	Yes	Yes	Yes
_cons	−0.295*** (0.045)	0.587*** (0.213)	−0.317** (0.045)	−0.346*** (0.070)	0.569*** (0.231)	−0.371*** (0.067)
Year	Yes	Yes	Yes	Yes	Yes	Yes
Industry	Yes	Yes	Yes	Yes	Yes	Yes
N	16535.000	16535.000	16535.000	14014.000	14014.000	14014.000
F	52.388	2.608	55.129	43.200	2.686	43.807
R^2	0.266	0.039	0.275	0.307	0.040	0.324

注：t statistics in parentheses，* p<0.1，** p<0.05，*** p<0.01。

在高融资分组中，企业 ESG 表现（ESG）的回归系数为 0.004，在 1% 的置信水平上显著正相关；在低融资分组中，企业 ESG 表现（ESG）的回归系数为 0.003，在 1% 的水平上显著正相关。以上结果可以看出无论是低融资还是高融资的企业，积极披露 ESG 表现的行为有助于企业价值的提升，具有正向促进的影响，但相较于低融资企业，高融资企业更容易在投资时具有谨慎性，降低可能产生的财务风险和经营风险，更容易向外界公众传递出企业发展态势良好的信息，会计信息透明度的提高能够减少审计人员面临财务报告存在重大错报的风险，更能提升审计质量，助力企业价值建设的整体提升。

2. 行业污染程度异质性

在评判企业的 ESG 表现时，行业的污染程度通常是需要考量的标准。由于处于重污染行业的企业在生产经营过程中先天就容易给环境和社会带来危害，所以这些企业往往具有较低的 ESG 表现。随着社会公众更加关注环保意识，ESG 披露信息也更加完善，对于重污染行业而言，在保护环境上承担的责任更重。表 4-10 是样本回归结果，两个样本中，ESG 表现对企业价值的影响都在 1% 水平上显著，且都是正向促进作用。在重污染行业，ESG 表现与企业价值的相关系数是 0.004，低于低污染行业中的相关系数 0.005，原因可能是重污染行业需要花费更多的资金投入到环保中，注册会计师在审计过程中需要花费更多的时间和精力，增加了审计业务的复杂度，审计程序增多，可能降低了审计质量，不利于企业价值的提升。

表 4-10　行业污染程度的异质性检验

	重污染行业			非重污染行业		
	ROA	Opinion	ROA	ROA	Opinion	ROA
ESG	0.004 *** （0.001）	0.007 *** （0.002）	0.004 *** （0.001）	0.005 *** （0.001）	0.010 *** （0.002）	0.004 *** （0.001）
Opinion			0.032 *** （0.005）			0.049 *** （0.005）
Controls	Yes	Yes	Yes	Yes	Yes	Yes
_cons	−0.225 *** （0.047）	0.634 *** （0.197）	−0.246 ** （0.047）	−0.229 *** （0.041）	0.630 *** （0.166）	−0.260 *** （0.039）
Year	Yes	Yes	Yes	Yes	Yes	Yes
Industry	Yes	Yes	Yes	Yes	Yes	Yes
N	10077.000	10077.000	10077.000	20472.000	20472.000	20472.000
F	52.388	2.608	55.129	43.200	2.686	43.807
R^2	0.337	0.029	0.345	0.263	0.030	0.278

注：Standard errors in parentheses，$p < 0.1$，＊＊$p < 0.05$，＊＊＊$p < 0.01$。

第五节　结论与启示

一、结论

党的二十大报告中提出，必须牢固树立绿水青山就是金山银山的理念，站在人与自然和谐共生的高度谋划发展。为了更好地传播此理念，推动绿色转型理念深入人心，各界人士纷纷提倡企业积极承担社会责任，完善公司治理制度，披露环境信息，体现在企业应该积极采取行动提高 ESG 表现。

本书基于信息不对称理论和可持续发展理论等相关理论，采用我国沪深 A 股上市公司 2011~2021 年的样本数据，实证探究了审计质量在企业 ESG 表现提高企业价值这一影响中发挥的机制路径。研究结果表明：企业良好的 ESG 表现能够显著促进企业价值的提升，ESG 表现可以通过降低企业与注册会计师之间的信息不对称程度，降低审计财务报表重大错报风险，提高企业的审计质量，且审计质量在这一 ESG 表现促进企业价值的过程中发挥了部分中介效应，验证了机制路径。通过替换被解释变量衡量指标，将解释变量和控制变量同时滞后一期的稳健性检验和运用 PSM 倾向得分匹配法考虑了 ESG 表现与企业价值之间可能存在的内生性后，研究结果依然成立。在异质性研究中，在非重污染行业和高融资程度下，企业 ESG 表现对企业价值能够产生更加显著的推动作用。

二、启示

基于以上研究，本章的启示有以下三个方面：

1. 企业层面

在生产经营过程中管理者应提高对于 ESG 表现中的环境责任、社会责任和公司治理能力三个维度的高度重视，积极披露 ESG 相关的信息，使得企业在市场上所传达的财务和非财务信息透明化和具体化，加深外界公众对企业的认识，使企业容易获取外部资金，提升企业价值。同时，企业管理层可以通过增加在 ESG 层面的投资促进企业 ESG 表现的提升，可以向外部资本市场传播企业积极履行社会责任，树立良好的企业声誉，吸引优秀的会计师事务所进行审计，降低审计的复杂程度和缩短审计的流程来提升审计质量，进而促进企业价值的提升。

2. 政府层面

加快建立综合评价企业 ESG 表现相关的指标体系，与已有的 ESG 评价体系共轨，加强对于企业披露 ESG 表现的监管力度，推进 ESG 评级发挥有效监管作用，鼓励企业积极披露 ESG 相关信息。同时在企业中引导树立起 ESG 相关的理念，通过制定相关奖励机制或者处罚措施，提升对 ESG 理念的认知力。比如，对 ESG 表现较好的企业给予一定的政府补助、绿色信贷等，对 ESG 表现较差的企业实施适当的处罚措施，促使企业真正认识到 ESG 的重要性，持续推进企业价值的提升。同时，完善资本市场制度，促进信息在资本市场中的传递，从而减轻资本配置中的摩擦，缓解内外部信息不对称程度，从根本上促进企业价值提升。

3. 审计机构层面

在对被审计企业进行审计时，审计人员要提升对财务信息以及 ESG 表现等非财务信息的重视程度，从各个方面综合衡量企业的审计风险，注重烦琐审计程序的简化，有效提升审计的效率，最终实现审计质量的提高。与此同时，可以适当考虑突破审计组织原有的单一模式，从单方审计组织向多方审计组织运用协同效应审计。通过运用社会、政府与内部审计三方共同建设资源信息共享的协同审计机制，更好地将审计资源进行整合，提高 ESG 审计效率和质量，进而促进企业价值的提升。

三、局限性

本书的研究仍存在一些局限性需要加以改进，具体如下：

第一，本书在研究过程中，因为非上市公司数据难以获得，所以选择了我国 A 股公司作为研究对象，这样存在的问题就是得出的结论是否适用于其他类型行业，比如制造业，重污染行业等还有待验证。

第二，本书在进行实证研究时，已得出一些结论，但是由于影响到企业价值的因素较多，尽管已对一些变量进行控制，但可能存在一些被忽略的变量未纳入考虑范围之中。

第五章

企业社会责任、融资约束与投资效率

投资是推动我国经济增长的重要力量，在国民经济发展中扮演重要角色。企业作为投资的主要载体，其投资效率的高低对企业自身的生存与发展有着重要影响，在很大程度上也影响着我国整体投资的质量。投资效率低会造成资源浪费，投资效率高会使企业获取更高的收益。当前，我国企业投资存在的问题是投资效率偏低，不仅会对企业自身发展造成阻碍，也会对我国经济良性发展产生影响，所以学术界对企业的投资效率问题越发关注。与此同时，随着我国迈入高质量发展阶段，社会公众逐渐认识到社会责任对企业发展起着不可忽视的作用。企业履行社会责任可以营造良好的形象，增进上市企业与市场的互信，并对管理者进行有效的监督，从而提升企业的投资效率。因此，企业社会责任和投资效率两者之间有着紧密的关系。但是经过对相关文献的梳理，发现以往学者们更多是从财务因素的角度去研究对投资效率的影响，较少从非财务因素角度进行研究。那么，企业社会责任作为一种非财务因素，会对投资效率产生何种影响？此外，信息不对称和代理问题的出现，会使企业面临融资约束问题，企业社会责任能够增加投资者的信赖程度，缓解融资约束，而融资约束又会影响到企业的投资。那么，企业社会责任又是否会通过影响融资约束进而影响到企业的投资效率？

为了研究上述问题，本书采用理论与实证相结合的方法。首先，运用利益相关者、信号传递、信息不对称和委托代理等理论进行分析，提出研究假设。其次，选取 2011~2020 年 A 股上市企业为样本，运用 Stata17.0 软件进行实证分析，探讨企业社会责任、融资约束与投资效率之间的关系。研究发现，企业社会责任可以缓解融资约束，并对投资效率有正向影响。进一步地，对三者之间的关系进行中介检验，验证融资约束的部分中介作用。最后，本书提出相关建议。本书可能的创新之处在于探究不同的产权属性下以及不同行业下，履行社会责任对融资约束、投资效率的作用以及三者间的关系有何异同。

第一节　理论分析与研究假设

一、企业履行社会责任对企业投资效率的影响

本书研究的是企业履行社会责任对投资效率的影响，与第三章第一节的第一部分内容一致，故本部分不再赘述，同样地，本书提出以下假设：

H5-1：企业履行社会责任能够提升企业投资效率。

H5-1a：企业履行社会责任能够抑制企业投资过度。

H5-1b：企业履行社会责任能够缓解企业投资不足。

二、企业履行社会责任对融资约束的影响理论分析与研究假设

学者对社会责任与融资约束关系展开研究。

首先，信息不对称理论指出，由于不健全的资本市场，外界投资人与经理人之间的信息获得会有所不同，投资人无法对企业做出充分的了解，对于企业的投资价值做出的判断不够合理，会做出一些非理性行为的投资，使得企业获取外部资金的难度增加，产生资金缺口。社会责任可以降低信息不对称，降低外部人员对企业投资风险的担心，最终使其权益资本成本下降。履行社会责任的企业，可以缓解融资约束，并且会随着履行质量的提高而使缓解效果加强。

其次，委托代理理论提出，企业的管理者与外部投资者存在着代理关系。外部投资者更关注于企业的盈利，而管理者更多的是关注自身的利益，当两者利益出现冲突时，管理者可能会为了自身的利益做出一些违反道德风险的行为，企业

的利益会受损，外部投资者的利益可能会被管理者侵犯。此时，外部投资者为保障其利益不被侵犯，对于其对企业进行的投资会要求更高的投资回报，变相增加企业的负担。因此，企业积极履行社会责任在一定程度上会使管理者的机会行为被抑制。企业越是高质量地履行其社会责任，代理成本越低，融资成本越少。而且，企业的社会责任践行质量越高，投资人越相信这种企业，此外也增加了投资者获取企业的信息数量，减少了与经理人之间信息获取上的差异，于是，也会更容易得到外部投资。

最后，依据利益相关者理论，企业不应仅关注自身利益，更应该尊重相关者的利益。若企业的利益相关者能够支持企业的发展，无疑会使企业发展得更好，企业使用相关者提供的资源的同时，企业面临的风险也被分散，可以看出利益相关者与企业关系密切。为了获取利益相关者的信任与支持，企业可以通过履行其自身的社会责任来减轻其融资约束。于是，本书提出以下假设：

H5-2：企业履行社会责任能够缓解融资约束。

三、企业社会责任、融资约束对企业投资效率的影响理论分析与研究假设

现阶段，我国学者给予企业社会责任越来越多的关注。一方面，企业对社会的责任承担得越好，企业面对的外部环境也越好，企业与外部人员信息获取上的差异也会得到改善，而环境改善和信息不对称的减少会使企业融资约束减少；另一方面，可以为企业树立良好的形象，对其声誉也有所帮助，增加外部投资者的信赖，缓解企业融资缺口。Kim（2012）等认为，企业对社会责任感的认同使企业有着更好的伦理和道德感。因此，外部投资者会更愿意相信这类企业，企业进行盈余管理行为也随之减少，金融机构等更愿意支持这样的企业。连玉君等（2007）认为，融资约束可以影响投资行为，融资约束越高，资金缺口越大，越易出现投资不足，融资约束越低，资金缺口越小，越易出现投资过度。宽松的货币政策可以缓解融资约束，这种缓解效果在民营企业中更好，并且会提高企业的

投资效率。有研究表明，企业社会责任履行会减少外部资金缺口，减少企业出现投资不足情况的发生。张洁等（2016）认为，企业在经营运转过程中或多或少都会面临资金压力，而社会责任信息的披露属于企业的非财务信息披露，拓宽企业外部人员获取信息的渠道，信息的透明程度增强，能有效缓解信息的不对称程度。企业更容易以较低的资金使用成本获取资金，资金缺口减小，不会轻易放弃投资机会，因此，企业投资不足情况的发生可以有效被社会责任信息披露的行为缓解。颜剩勇（2021）在考虑了"一带一路"的影响下，选取2014～2019年沪深A股两市上市企业为样本，研究发现企业投资效率的提高会受到企业社会责任的影响，这种影响在未参与"一带一路"的企业中更为明显，且验证了融资约束的部分中介作用。基于上述分析，本书提出以下假设：

H5-3：企业履行社会责任会通过缓解融资约束进而提升投资效率。

H5-3a：融资约束在企业履行社会责任与投资过度的关系中起着部分中介作用。

H5-3b：融资约束在企业履行社会责任与投资不足的关系中起着部分中介作用。

第二节　实证研究设计

一、样本选取与数据来源

本章样本选取 2011～2020 年我国 A 股上市企业，选取上市企业是出于对数据准确性和客观性的要求以及获取的难易程度。其中，润灵环球公司（RKS）每年都会对上市企业发布的社会责任公告进行评级评分，本章企业社会责任的数据采用该公司提供的评分数据来衡量；其他样本数据均来源于从 CSMAR 数据库，包括财务和公司治理数据。2011 年，为了使社会责任数据更为准确，润灵环球在参考国外最新评价体系，并与中国的特有背景相结合，对原有的社会责任评价体系做出修改，在保留原有评价指标的基础上又增加行业性指标 i 值。为了统一评价标准体系，本章样本数据起始时间为 2011 年。在此基础上，本章对选取研究样本的数据进行以下处理：

（1）金融企业与一般企业在会计准则和业务处理等方面存在不同，故将金融类样本进行剔除。

（2）对于财务状况存在异常和 ST、PT 状态的样本进行剔除。

（3）对关键财务数据和社会责任评分缺失的样本进行剔除。

本章在对数据进行上述处理后，共得 4355 个企业样本数据。对部分变量进行 Winsorize 处理，这样做是为了提高实证分析结果的准确性。

二、相关变量选取与定义

1. 被解释变量

被解释变量为企业投资效率。企业投资效率一直都是学术界的热门研究课题，特别是实证方面的研究。现有对投资效率进行量化的方法较多。目前，常用的方法主要有四种，即 FHP 模型、TobinQ 模型、BHV 模型以及 Richardson 残差模型。Fazzari（1988）建立 FHP 模型来衡量企业投资效率，该模型的建立主要是从融资约束这一角度进行切入，考察的是企业的投资支出与内部现金流两者之间的敏感性，因此又被称为投资—现金流敏感度模型。他认为，在不完美的市场中，现金流越高，越能促进企业的投资，之所以会出现这种现象是由融资约束所导致的，特别是融资约束越高，投资对现金流的依赖越强，敏感性越高。然而对于该模型衡量的准确性有学者质疑，Kalplan 和 Zingales（1997）在对 Fazzari 的研究进行新的检验时，得出不同的结论。所以，对于是否可以采用 FHP 模型进行衡量还有待验证。他们认为，FHP 模型只适用于严格的假设条件下，只有在这样的条件下两者的正相关关系才成立。此外，两者的敏感关系也并不一定是由现金流这一种因素造成的，这种现象的出现还可能是受其他因素影响，比如企业规模、性质和行业特征等，都会对被解释变量产生影响，如果未能除去这些影响，衡量的准确性会存在偏差。

Vogt（1994）提出 TobinQ 模型，与 FHP 模型相比，在该模型中加入对投资机会的考虑。FHP 模型存在的缺陷是，无法定量衡量投资效率，也无法区分非效率投资，即投资过度和投资不足。为了能够区分企业的上述两种情况，Vogt 在 TobinQ 模型中考虑了现金流和投资机会。该模型虽然比 FHP 模型考虑得更为全面，但是使用该模型对投资效率进行衡量仍有不足之处。例如，若想要知道某一具体企业的投资状况，使用该模型是不适用的。又如，该模型无法定量地去判别，只能区分出该企业是投资过度，还是投资不足。此外，该模型并不适用于非上市企业，因为非上市企业无法提供准确有效的 TobinQ 数据。对于上市企业使用该模型，也存在一些问题，更能代表企业投资机会的是边际 Q，然而该数据却不能有效获取，只能使用 TobinQ。

Bibble（2009）考察了投资效率与财务质量的关系，在此基础上构建 BHV模型。该方法的优点在于使用起来简单、方便，用销售增长率衡量成长机会，这个变量要比 TobinQ 更容易获取，并且能够定量衡量投资效率。此外，还排除了财务报告质量的影响。然而该模型也存在一些不足之处，可以影响企业投资效率的因素很多，在该模型中只考虑销售增长率这一变量，并未考虑其他变量，测量结果是否可以使用还有待确定。此外，投资机会仅用销售增长率衡量，考虑还不够全面。例如，投资机会也会受研发支出、固定资产投资和股权投资的影响。

Richardson（2006）提出残差模型，他的研究思路是企业会根据自身的情况确定最优理想投资以及自身的实际投资，两者的差额代表投资效率。在该模型中，残差绝对值表示企业的投资效率，绝对值越小，表明投资效率越高。若残差为正，则划分为投资过度，若残差为负，则划分为投资不足。此外，相较于 FHP和 TobinQ 模型不能定量衡量投资效率，该方法对投资效率可以进行定量的衡量，并且与 BHV 模型相比，对非效率投资的量化，考虑的因素更为全面。因此，我国学者研究投资效率这一课题并准备对其进行实证分析时，通常会采用此种方法衡量。如颜剩勇（2021）衡量企业的非效率投资时，也选择此模型，对社会责任与企业投资效率进行考察。基于对以上方法的分析，本章也选择使用该方法。具体模型如下：

$$
\begin{aligned}
\mathrm{Inv}_{i,t} = {} & \beta_0 + \beta_1 \mathrm{Growth}_{i,t-1} + \beta_2 \mathrm{Lev}_{i,t-1} + \beta_3 \mathrm{Cash}_{i,t-1} + \\
& \beta_4 \mathrm{Age}_{i,t-1} + \beta_5 \mathrm{Size}_{i,t-1} + \beta_6 \mathrm{Ret}_{i,t-1} + \\
& \beta_7 \mathrm{Inv}_{i,t-1} + \sum \mathrm{Industry} + \sum \mathrm{Year} + \varepsilon_{i,t-1}
\end{aligned}
\tag{5-1}
$$

其中，i 代表第 i 家公司，t 代表第 t 年，模型中各变量具体说明如表 5-1所示。

企业社会责任对投资效率影响研究

表 5-1　Richardson 模型变量定义

变量类型	变量名称	变量符号	变量含义
被解释变量	投资水平	Inv	构建固定资产、无形资产和其他长期资产所支付的现金/期初总资产
解释变量	成长性	Growth	总资产增长率
	负债水平	Lev	资产负债率
	现金流	Cash	经营活动现金流量/总资产
	公司规模	Size	总资产自然对数
	上市年限	Age	企业上市至今年限
	股票收益率	Ret	基本每股收益
控制变量	行业	Industry	设置行业虚拟变量
	年份	Year	设置时间虚拟变量

2. 解释变量

解释变量为企业社会责任。目前，衡量企业社会责任的方法主要有四种：

第一种方法是内容分析法，该方法指对企业发布的报告进行分析，收集报告中有关企业社会责任的信息，并对其进行评价和衡量，然而出于对企业发布报告的质量和客观性的担心，这种方法所获得的评分可能并不准确，因此应用较少。

第二种方法是社会责任会计法，是将一部分或全部财务报表中关于企业社会责任的资产、负债和收益等信息提取出来后打分的一种方法，然而该种方法的准确性还有待确定，因此应用较少。

第三种方法是声誉打分法，指的是在调查对象对公司进行评估后，依据所发放的问卷，对企业履行社会责任进行打分的一种方法。

第四种方法是指标分析法，指的是通过分析影响被评价事项的主要因素，通过这些因素来确定指标，用这些指标来构建评价体系。现阶段，随着学术界对企业社会责任投入的关注越来越多，对其量化的质量要求也越来越高，测量的结果

· 128 ·

一方面必须具有科学性，另一方面必须要结果准确。相较于前三种方法，指标分析法无疑更为适用。当前有专业机构对企业社会责任进行评价和衡量，得出的结果较为客观和准确。因此，当前学者在对社会责任进行量化时，更青睐于采用专业机构发布的数据。润灵环球公司专注于对上市企业的社会责任履行情况进行评价，其现有的评价体系是在参考 ISO26000 国际权威标准体系后，结合中国的实际情况建立的。其对社会责任的评价主要从四个方面进行：整体性（M 值）、技术性（T 值）、行业性（I 值）、内容性（C 值），其权重分别为 45%、30%、15% 和 10%，考虑较为科学和全面，并根据各方面权重得出一个总得分 Score。本章用总得分衡量社会责任。根据最新版本的评级指标说明，该评价体系采用结构化专家打分法。此外，对综合业和制造业来说，润灵环球机构未对行业性指标进行评价，因此将内容性、技术性的权重进行调整，分别为 50% 和 20%。指标具体说明如表 5-2 所示。

表 5-2　润灵环球责任指标

MCTI 指标	具体内容
M. Score	从战略、治理、利益相关方对社会责任报告进行评价
C. Score	从经济绩效、劳工与人权、环境、公平运营、消费者、社区参与及发展方面进行评价
T. Score	从内容平衡、信息可比、报告创新、可信度与透明度、规范性、可获得及信息传递进行评价
I. Score	分行业设计特征指标对社会责任报告进行评价（综合与其他制造业除外）

3. 中介变量

中介变量为融资约束。目前，衡量融资约束的方法较多，但归纳总结起来共有三类方法。

第一类度量方法是量化模型，它主要包含两种方法，即 ACW 模型和 FHP 模型。ACW 模型，构建该模型的思路为：企业在进行投资时，不能仅考虑当下的投资机会，还要将未来的投资机会纳入考虑之中，在两者之间进行衡量，未来的投资机会更好时，资金受限的企业会保留更多的现金，对投资进行更合理的安排；而资金充足的企业，也就是融资约束低的企业则无须考虑上述问题。对企业来说，融资约束越严重，企业会保留越多的现金。但是，用该种方法对融资约束进行衡量时，测量的融资约束程度可能并不能真实反映企业的状况。FHP 模型认为，当企业的资金存在缺口时，会更倾向于保留现金以备不时之需，特别是资金缺口越大时，为了不错失好的投资项目，会保留更多的现金，投资与现金流之间存在敏感性。然而，曾爱民（2013）考虑财务柔性这一因素后，发现简单地采用投资与现金流的敏感性衡量融资约束是不准确的。林艳（2019）在研究管理层权力与投资—现金流的敏感性关系时，发现融资约束可以用敏感性来衡量。以上研究说明我国学者在运用 FHP 模型时他们的观点存在分歧，该方法在真实和准确地反映企业状况方面仍值得商榷。

第二类度量方法为单变量指标法，单变量指标法主要可分为三种，分别是利息保障倍数法、股利支付法和公司规模法。利息保障倍数法在一定程度上可以衡量企业的偿债能力，其数值越高表明偿债能力越强，投资者认为这种企业财务状况良好，更值得信赖，更愿意把资金借出，融资约束也随之降低，这也是利息保障倍数可以衡量融资约束的依据。股利支付法可以度量融资约束，企业获得外部融资的费用通常会稍微高一点。因此，当现金流一定时，为了维持企业正常经营与投资，企业会保留更多的现金，通常就会采取低股利支付率。学者认为，公司的管理和信息披露制度会随着企业规模的变化而发生变化，公司的规模越大往往表明其管理和披露制度越完善，投资者获取的信息也越容易，对公司的了解就越多，更容易获得支持，从而更易获得资金，融资约束也就随之减少。潜力等（2016）认为，融资约束与公司规模呈负相关关系，并以我国中小板上市企业为样本进行验证，验证上述观点。尽管，单变量指标衡量融资约束具有一定的合理性，但往往只考虑了企业融资中的某一因素，较为片面。

第三类度量方法是多变量指标法，它考虑的指标更多，影响融资约束的因素考虑得更为全面。多变量指标法通常主要有三种，分别是 WW 指数、KZ 指数和 SA

指数。KZ 指数由 Lamont 在综合考虑多种影响因子后，选取股利、净现金流量、现金持有量等指标，建立 KZ 指数。WW 指数是在原有的 KZ 指数评价体系中加入了企业所在的行业和实际销售增长率，并采用 GMM 方法构建该指标。这两种指数虽然能较为科学地测度融资约束，但是，均存在一个问题，即包含内生性变量。为了防止内生性问题的发生，有学者提出 SA 指数，该指数仅考虑两个不属于内生性的变量，即企业的规模和存在时间，该指数使得内生性问题可以被避免。因此，基于对以上方法的分析和总结，本章选取 SA 指数进行衡量。如式（5-2）所示：

$$SA = 0.043Size^2 - 0.737Size - 0.04Age \tag{5-2}$$

4. 控制变量

在控制变量方面，本章依据现有研究，参考颜剩勇等（2021）的做法，选取以下控制变量。

（1）经营现金流（Cash）。

企业经营现金流是指不包括投资和融资活动带来的现金流，仅依靠自身经营活动所产生的现金流。它更强调的是企业依靠自身的现金流去发展，自给自足。

（2）上市年龄（Listage）。

企业的上市年龄在一定程度上可以表示企业的发展时间，企业的上市年龄与发展时间成正比，企业的各项制度越完善，企业出现盲目投资的可能性将会越低。

（3）资产负债率（Lev）。

资产负债率代表企业的偿债能力，资产负债率越低，越容易获取资金，更易出现投资过度的现象。

（4）企业成长性（Growth）。

企业成长性指的是在一定程度上代表企业的投资价值。

（5）有形资产比例（Tang）。

有形资产比例指的是固定资产/总资产，能够说明企业资产的流动性。有形资产比例越高，企业越难筹集资金去投资，会错失投资机会导致投资不足。

（6）股权集中度（Cent）。

股权集中度反映大股东所持股份的比例，可以从某种意义上反映出大股东对公司的控制。

（7）净资产收益率（Roe）。

净资产收益率在一定程度上可以代表盈利能力，企业盈利能力越强则越能够吸引投资者的关注，进而对其进行投资。

（8）企业产权性质（State）。

企业的产权性质能够说明企业的所有权是国有还是非国有。

此外，本章对行业和时间虚拟变量进行控制。变量说明如表5-3所示。

表5-3　变量说明

变量类型	变量名称	变量代码	变量含义及说明
被解释变量	投资效率	Inveff	Richardson 模型中残差的绝对值，绝对值越大，投资效率越低
	投资过度	Overinv	Richardson 模型中残差为正
	投资不足	Underinv	Richardson 模型中残差为负
解释变量	企业社会责任	CSR	采用润灵环球提供的各公司总得分来衡量
中介变量	融资约束	SA	采用 SA 指数衡量
控制变量	经营现金流	Cash	经营现金流量/总资产
	上市年龄	Listage	企业上市至今年限
	资产负债率	Lev	期末负债总额对总资产的比值
	企业成长性	Growth	营业收入增长率
	有形资产比例	Tang	固定资产/总资产
	股权集中度	Cent	大股东持股比例
	企业盈利能力	Roe	期末净利润对净资产的比值
	行业固定效应	Ind	设置行业虚拟变量
	年度固定效应	Year	设置时间虚拟变量
	企业产权性质	State	国企为 1，否则为 0

三、模型设计

为验证融资约束下企业社会责任与投资效率之间的关系，本章借鉴温忠麟（2014）构建的中介检验模型，建立如下模型：

$$\text{Inveff} = \alpha_0 + \alpha_1 \text{CSR} + \sum \alpha_k \text{Controlvariable} + \varepsilon_1 \qquad (5\text{-}3)$$

$$\text{SA} = \beta_0 + \beta_1 \text{CSR} + \sum \beta_k \text{Controlvable} + \varepsilon_2 \qquad (5\text{-}4)$$

$$\text{Inveff} = \rho_0 + \rho_1 \text{CSR} + \rho_2 \text{SA} + \sum \rho_k \text{Controlvariable} + \varepsilon_3 \qquad (5\text{-}5)$$

其中，Inveff 为被解释变量，表示企业投资效率。CSR 表明企业履行社会责任的水平。目前对于中介效应的检验，国内研究中，大部分采用的是温忠麟学者的方法进行验证，在学术界，此方法被广泛地接受与应用。根据中介检验程序，若系数 α_1 不显著，则停止检验中介效应；若系数 α_1、β_1 和 ρ_2 显著，证明中介变量具有中介作用。进一步判断中介变量起到何种作用，需要对系数 ρ_1 进行判断。若 ρ_1 显著，证明起到部分中介作用；若 ρ_1 不显著，则证明起到完全中介作用。若系数 α_1 显著，β_1 与 ρ_2 至少有一个不显著，那么继续用 Sobel 检验进行判断。中介效应检验流程如图 5-1 所示。

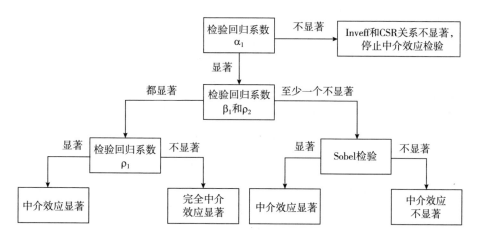

图 5-1　中介效应检验流程

第三节　实证分析

一、描述性分析

为了对各变量有一个初步描述，采用描述性统计对各变量数据进行分析，结果如表5-4所示。

表5-4　各变量描述性统计结果

Variable	Obs	Mean	Std. Dev.	Min	Max
Inveff	4355	−0.005	0.302	−1.486	1.929
Overinv	2057	0.227	0.215	0	1.929
Underinv	2278	−0.215	0.199	−1.486	−0.001
CSR	4355	40.76	13.01	5.63	89.003
SA	4355	5.756	1.921	0.779	13.677
Cash	4355	0.05	0.073	−0.686	0.438
Listage	4355	15.485	5.43	0	35
Lev	4355	0.522	0.195	0.031	2.29
Growth	4355	0.135	0.482	−0.953	15.583
Tang	4355	0.935	0.095	0.206	1
Cent	4355	39.363	15.936	3.39	88.55
Roe	4355	5.175	16.25	−473.69	84.667
State	4355	0.738	0.44	0	1

表 5-4 描述性统计结果显示，Inveff 的均值为 -0.005，1.929 和 -1.486 分别为 Inveff 的最大值和最小值，标准差为 0.302。由这些数据可以看出，投资效率在企业之间的差异较大，部分企业经营效果良好，投资效率较高，也存在部分企业表现不尽如人意，投资效率较低。而从上市企业总体样本来看，这些企业投资的效率较低。根据表 5-4 中的数据，本书的总样本 4355 个，投资不足的企业 2278 个，占总样本的 52.55%，投资过度的企业 2057 个，占 47.45%，这表明我国上市企业中更多的是存在投资不足问题，从而导致投资效率低下。就企业社会责任而言，其平均值为 40.76，相较于满分 100 分来说，这个分数明显偏低，从总体层面来看我国企业的社会责任感还有待加强，在这方面企业还需要加以改善。其最大值为 89.003，可以看出有的企业社会责任分数较高，企业的社会责任感较强，其履行质量较好；其最小值为 5.63，数值较低，说明在这些企业中存在一些企业，他们的社会责任感还有待加强，对社会责任的履行质量较低；标准差为 13.01，表明就社会责任而言，企业之间表现并不相同。

就融资约束而言，其均值为 5.756，说明这些样本企业或多或少会受到融资约束的影响；最小值为 0.779，说明即使这方面情况最好的企业多少也会受到融资约束的影响；最大值为 13.677，说明在这些企业中，存在部分企业受资金困扰的程度较高；标准差为 1.921，说明在这些样本企业中各自面临的程度也各不相同。就经营现金流而言，其均值是 0.05，说明企业保留现金流的比例不高；标准差是 0.073，最大值是 0.438，最小值是 -0.686，表明企业间各自保留的经营现金流并不相同，且差异较大。对企业的上市年龄取自然对数，这些上市企业平均上市年龄为 15.485，最小值为 0，上市年限最长的企业为 35，表明我国企业上市年限并不相同。

就负债率而言，其均值为 0.522，这个数值较高，说明我国大多数企业都是负债经营且负债水平较高，最大值 2.29，说明有些企业可能存在资不抵债的情况，最小值为 0.031，表明该企业的偿债能力较强。从公司成长的角度来看，平均为 0.135，说明公司的总体发展潜力不大；其最大值为 15.583，其数值较高，表明企业发展潜力高；其最小值为 -0.953，数值偏低，表明这类企业发展前景不高,其标准差为 0.482,体现了企业成长性的巨大差异。

就有形资产比例而言,其均值、最小值和最大值分别为 0.935、0.206 和 1,说明我国企业的资产更多是以有形资产存在,占企业总资产水平较高,但也能看出企业之间的有形资产占比差异巨大。

从股权集中度来看,均值为 39.363,最大值和最小值分别为 88.55 和 3.39,说明上市企业间大股东持股比例存在差异较大。

从净资产收益率来看,其均值为 5.175,最大值和最小值分别为 84.667 和 -473.69,标准差为 16.25,表明我国企业部分盈利,部分存在亏损,盈利能力存在较大差异。股权性质均值为 0.738,表明我国现有上市企业中更多的是国有上市企业。

二、相关性分析

本章采用 Pearson 检验法进行相关性分析,若变量间系数小于 0.8,则说明多重共线性不存在。结果如表 5-5 所示。表 5-5 的结果表明各变量间的相关性,在公司的 CSR 和投资效率方面,二者均呈现负相关,为 -0.104,这表明公司的 CSR 得分越高,则其投资效率越高,从而证实假设 H5-1。就社会责任与融资约束而言,两者系数显著为正,为 0.506,说明企业社会责任可以降低企业对外的融资难度,假设 H5-2 得到验证。企业投资效率与融资约束的相关系数是 -0.122,说明两者呈负相关关系。除此之外,其他各变量间的相关关系较为符合预期,就相关性检验来说,本章数据较为合理。此外,没有出现大于 0.8 的系数,表明该模型没有多重共线性。

三、豪斯曼检验

本章采用 Hausman 检验方法确定采用何种效应模型。结果如表 5-6 所示,由于 P 数值大于 0.05,确定模型适用随机效应模型。

表5-5　主要变量相关性检验

Variables	Inveff	CSR	SA	Cash	Listage	Lev	Growth	Tang	Cent	Roe	State
Inveff	1.000										
CSR	-0.104*	1.000									
SA	-0.122*	0.506*	1.000								
Cash	-0.005*	0.095*	0.031	1.000							
Listage	0.023*	0.066*	-0.065*	-0.019*	1.000						
Lev	-0.039*	0.123*	0.456*	0.216*	0.004*	1.000					
Growth	0.018*	0.003*	0.042*	0.010*	-0.013*	0.056*	1.000				
Tang	0.067*	-0.055*	0.025*	-0.100*	0.010*	0.089	-0.033*	1.000			
Cent	0.000	0.177*	0.266*	0.066*	-0.154*	0.015*	-0.013*	0.044*	1.000		
Roe	0.033*	0.022	0.080*	0.178*	0.044*	-0.121*	0.086*	-0.015	0.022	1.000	
State	-0.063*	0.165*	0.182*	-0.051*	0.046*	0.096*	-0.044*	-0.019	0.280*	-0.067*	1.000

注：* $p<0.1$，** $p<0.05$，*** $p<0.01$。

表 5-6   豪斯曼检验

	Coef.
P. Value	0.8
P. Value	0.93
P. Value	1

四、回归分析

1. 企业履行社会责任对投资效率影响的实证检验

为了验证假设 H5-1、H5-1a 和 H5-1b，本章分别对总样本组和子样本组进行实证分析，结果如表 5-7 所示。

表 5-7   企业社会责任与企业投资效率回归结果

	总样本	投资过度	投资不足
CSR	-0.0012 *** (-4.61)	-0.0015 (-10.49)	-0.0013 *** (-3.56)
Cash	0.0551 (-1.1)	4.3942 *** (-112.68)	2.3942 *** (-102.68)
Listage	0.0007 (-1.12)	-0.0001 (-0.21)	0.0013 (-1.53)
Lev	-0.0623 *** (-3.27)	0.3179 *** (-28.28)	-0.0887 *** (-3.57)
Growth	0.0049 (-0.75)	0.0046 (-1.37)	0.0062 (-0.68)

续表

	总样本	投资过度	投资不足
Tang	0.0936 *** (-2.64)	0.0129 (-0.71)	0.1062 ** (-0.56)
Cent	0.0005 ** (-2.14)	-0.0006 *** (-5.48)	0.0002 (-0.56)
Roe	0.0001 (-0.3)	0.0001 (-0.38)	-0.0013 *** (-5.44)
State	-0.0166 ** (-2.09)	-0.0032 (-0.73)	0.006 (-0.56)
_cons	0.2365 *** (-5.71)	-0.4131 *** (-18.39)	0.2165 *** (-3.68)
Industry	Yes	Yes	Yes
Year	Yes	Yes	Yes
N	4333	2056	2277
F	38	37	37

注：t statistics in parentheses，＊p<0.1，＊＊p<0.05，＊＊＊p<0.01。

由表5-7可知，就企业社会责任与投资效率而言，总样本组中，两者的回归结果与本章的研究假设相符。两者系数显著为负，为-0.0012，t值为-4.61，说明企业的CSR分数越高，投资效率的数值反而越低，代表投资效率越高，即企业投资效率会受到社会责任的影响，且这种影响是正向的，本章的假设H5-1得到验证。

进一步对两个子样本组进行分析，来验证假设H5-1a和H5-1b。根据残差模型的测算结果，对总样本进行分组。若企业在模型测算的结果中，残差为负，则划分为投资不足组；若残差为正，则划分为投资过度组，对其进行实证分析。由表5-7可知，投资过度组和投资不足组中的系数均为负，分别为-0.0015和

−0.0013，投资不足组通过显著性检验，而投资过度组显著性检验失效。结果表明，企业投资效率会受到社会责任的影响，且这种影响是积极的，社会责任会减少企业投资不足行为的出现，企业投资的效率得以提升，验证了本章的假设H5-1b。而出现投资过度行为的企业样本组未通过显著性检验，虽然相关系数为负，符合研究假设，但假设 H5-1a 未能得到验证。未能验证 H5-1a 的原因可能在于实证研究的样本量不足或者对于过度投资企业，履行社会责任缺乏有效措施对其进行监督，进一步说明企业社会责任对投资效率不具有双重治理效应。

2. 企业履行社会责任对融资约束影响的实证检验

按照对假设 H5-1 验证的步骤对假设 H5-2 进行验证，结果如表 5-8 所示。

表 5-8　企业社会责任与融资约束回归结果

	总样本	投资过度	投资不足
CSR	0.0585 *** (−34.42)	0.0605 *** (−24.57)	0.0509 *** (−21.84)
Cash	1.9123 *** (−6.37)	2.0888 *** (−3.03)	8.0005 *** (−13.2)
Listage	−0.0235 *** (−5.49)	−0.0183 *** (−2.80)	−0.0227 *** (−4.10)
Lev	3.6800 *** (−29.69)	3.5558 *** (−17.88)	4.2763 *** (−26.47)
Growth	0.026 (−0.61)	0.0863 (−1.45)	−0.0611 (−1.04)
Tang	0.8049 *** (−3.49)	0.7248 ** (−2.26)	0.6450 * (−1.93)
Cent	0.0145 *** (−10.44)	0.0167 *** (−8.13)	0.0129 *** (−6.94)

	总样本	投资过度	投资不足
Roe	0.0128 *** (-9.76)	0.0180 *** (-6.82)	0.0111 *** (-7.46)
State	0.1007 * (-1.93)	0.0717 (-0.91)	0.0565 (-0.82)
_cons	-0.2439 (-0.34)	-0.3723 (-0.94)	0.0536 (-0.14)
Industry	Yes	Yes	Yes
Year	Yes	Yes	Yes
N	4355	2056	2277
F	39	37	38

注: t statistics in parentheses, *p<0.1, **p<0.05, ***p<0.01。

由表 5-8 可知，就社会责任与融资约束而言，两者回归结果与假设 H5-2 相符。在总样本组中，系数显著为正，为 0.0585。即融资约束会受到企业社会责任的影响，其表现越好，融资约束程度越低。进一步进行分样本组回归，验证两者关系。

实证结果表明在分样本回归组中，两者之间的回归系数为正，分别为 0.0605 和 0.0509，呈正相关关系，且这两组均通过显著性检验。结果表明，融资约束的高低会受到企业社会责任的影响，分样本组的结论与总样本组结论一致，以上的结果验证了假设 H5-2。

3. 企业履行社会责任、融资约束对企业投资效率影响的实证检验

为了验证融资约束是否会起到中介作用，对模型实施中介检验程序。在对假设 H5-1 和 H5-2 实证检验完后，对假设 H5-3 进行验证，结果如表 5-9 所示。

表 5-9　企业社会责任、融资约束与企业投资效率回归结果

	总样本	投资过度	投资不足
CSR	-0.0003 * (-1.01)	-0.0005 ** (-2.42)	-0.0005 * (-1.27)
SA	-0.0155 *** (-6.67)	-0.0181 *** (-11.72)	-0.0139 *** (-4.37)
Cash	0.0827 * (-1.65)	3.8496 *** (-80.33)	1.3496 *** (-31.23)
Listage	0.0004 (-0.58)	0.0003 (-0.75)	0.001 (-1.1)
Lev	-0.0052 (-0.25)	0.4445 *** (-30.2)	-0.035 (-1.27)
Growth	0.0052 (-0.8)	0.0053 (-1.21)	0.0052 (-0.57)
Tang	0.1060 *** (-3.01)	0.1029 *** (-4.81)	0.1130 ** (-2.16)
Cent	0.0007 *** (-3.17)	-0.0001 (-0.43)	0.0004 (-1.2)
Roe	0.0003 (-1.28)	0.0008 *** (-3.88)	-0.0011 *** (-4.54)
State	-0.0151 * (-1.90)	-0.0297 *** (-5.53)	0.0068 (-0.63)
_cons	0.2351 *** (-5.7)	-0.3669 *** (-14.79)	0.2238 *** (-3.82)
Industry	Yes	Yes	Yes
Year	Yes	Yes	Yes
N	4333	2056	2277
f	39	37	38

注: t statistics in parentheses, ＊ p<0.1, ＊＊ p<0.05, ＊＊＊ p<0.01。

由表5-9的结果可知，企业社会责任与投资效率在总样本组中的回归系数为-0.0003，在数量关系上，两者呈负相关关系，说明投资效率的高低会受到社会责任的影响，这种影响是积极的；对于融资约束与投资效率，两者系数为负且通过显著性检验，说明两者呈负相关关系，投资效率会受到融资约束的影响，且这种影响是负向的。根据中介检验程序，从实证检验结果可以看出在总样本组中系数 α_1、β_1、ρ_1、ρ_2 显著，说明融资约束起到了部分中介作用，并通过中介效应程序检验，从而验证假设 H5-3。

进一步对子样本组进行回归。在投资过度组中，企业社会责任与投资效率系数为负，呈负相关关系，且通过显著性水平检验，即投资效率会受到社会责任的影响，且这种影响是正向的。融资约束与投资效率系数为负，呈负相关关系，融资约束越高投资效率反而越低，两者之间的关系通过显著性水平检验。按照中介检验程序，在投资过度样本组中，系数 α_1 不显著，未通过中介检验，假设 H5-3a 未得到验证。在投资不足组中，三者的系数为负，呈负相关关系，前文的理论分析得到验证。根据检验程序，系数 α_1、β_1、ρ_1、ρ_2 显著，可以证明融资约束起到部分中介作用，且通过中介效应程序检验，从而验证假设 H5-3b。

五、稳健性检验

为了验证模型的可靠性，防止可能出现的内生性问题，本章借鉴赵天骄（2019）的方法，将企业社会责任滞后一期，用 csr_lag 表示。将滞后一期的企业社会责任与企业的投资效率进行实证检验，进而验证模型（5-3），实证结果如表5-10所示。

表 5-10　企业社会责任（滞后一期）与企业投资效率回归结果

	总样本	投资过度	投资不足
csr_lag	-0.00111***	-0.00109	-0.00114**
	(-4.37)	(-8.16)	(-3.28)
Cash	0.051	4.389***	0.051
	(-1.02)	(-111.45)	(-1.09)
Listage	0.000714	-0.0000866	0.00131
	(-1.09)	(-0.23)	(-1.5)
Lev	-0.0648***	0.315***	-0.0923***
	(-3.41)	(-27.79)	(-3.73)
Growth	0.0054	0.00567	0.00644
	(-0.83)	(-1.67)	(-0.7)
Tang	0.0945**	-0.0138	0.108*
	(-2.67)	(-0.75)	(-2.07)
Cent	0.000430*	-0.000684***	0.000125
	(-0.43)	(-5.82)	(-0.43)
Roe	0.0000461	0.0000331	-0.00127***
	(-0.22)	(-0.22)	(-5.49)
State	-0.0169*	-0.00619	0.00545
	(-2.11)	(-1.39)	(-2.11)
_cons	0.233***	-0.427***	0.210***
	(-5.63)	(-18.88)	(-3.57)
Industry	Yes	Yes	Yes
Year	Yes	Yes	Yes
N	4332	2055	2276
F	38	37	37

注：t statistics in parentheses，＊p<0.1，＊＊p<0.05，＊＊＊p<0.01。

从表 5-10 的结果可以看出，对于滞后一期的企业社会责任与投资效率的关系，两者系数为负，并且在总样本和投资不足组中通过显著性检验，投资过度样本组中未能通过显著性检验，说明企业社会责任可以提升投资效率，并且是通过减少企业投资不足行为的出现提升投资效率，得出的结论与前文一致，说明本章的结论有一定的稳健性。

为了研究滞后一期的企业社会责任会对融资约束产生何种影响，也是为了验证稳健性，对模型（5-4）进行回归分析，结果如表5-11所示。

表5-11　企业社会责任（滞后一期）与融资约束回归结果

	总样本	投资过度	投资不足
csr_lag	0.0486*** (-28.35)	0.0438*** (-17.6)	0.0361*** (-15.48)
Cash	2.169*** (-6.98)	2.286** (-3.12)	8.782*** (-13.9)
Listage	-0.0218*** (-4.91)	-0.0176* (-2.54)	-0.0213*** (-3.68)
Lev	3.848*** (-30.05)	3.675*** (-17.44)	4.556*** (-27.14)
Growth	0.00382 (-0.09)	0.0435 (-0.69)	0.0639 (-1.04)
Tang	0.753** (-3.15)	0.774* (-2.28)	0.462 (-1.32)
Cent	0.0161*** (-11.19)	0.0187*** (-8.56)	0.0149*** (-7.69)
Roe	0.0138*** (-10.13)	0.0190*** (-6.79)	0.0118*** (-7.56)
State	0.134* (-2.48)	0.203* (-2.46)	0.096 (-1.33)

续表

	总样本	投资过度	投资不足
_cons	−0.296 (−0.40)	0.221 (−0.53)	0.629 (−1.6)
Industry	Yes	Yes	Yes
Year	Yes	Yes	Yes
N	4354	2055	2267
F	36	37	37

注: t statistics in parentheses, ＊p<0.1, ＊＊p<0.05, ＊＊＊p<0.01。

由表 5-11 可知，三组样本组中系数为正且显著。说明融资约束是否得到缓解会受到企业社会责任的影响，且这种影响是积极的，与前文结论一致，在一定程度上证明模型（5-4）的稳健性，验证了假设 H5-2 的成立。

最后为了验证模型（5-5）以及中介效应的稳健性，本章对融资约束下企业社会责任与投资效率的关系进行回归分析，结果如表 5-12 所示。

表 5-12　企业社会责任（滞后一期）、融资约束与企业投资效率回归结果

	总样本	投资过度	投资不足
csr_lag	−0.000366＊＊ (−1.33)	−0.000185＊＊ (−1.00)	−0.0000195＊＊ (−0.30)
SA	−0.0153＊＊＊ (−6.83)	−0.0193＊＊＊ (−13.27)	0.0275＊＊＊ (−48.86)
Cash	0.083 (−1.66)	3.848＊＊＊ (−80.16)	−4.584＊＊＊ (−261.44)
Listage	0.000388 (−0.59)	0.000308 (−0.66)	−0.0000324 (−0.21)

续表

	总样本	投资过度	投资不足
Lev	−0.00558 (−0.27)	0.449*** (−30.64)	−0.434*** (−84.32)
Growth	0.00537 (−0.83)	0.00565 (−1.28)	0.00144 (−0.88)
Tang	0.106** (−3.01)	0.104*** (−4.83)	0.00517 (−0.55)
Cent	0.000677** (−3.14)	−0.0000602 (−0.39)	0.000189*** (−3.61)
Roe	0.000261 (−1.26)	0.000776*** (−3.96)	−0.0000449 (−1.07)
State	−0.0148 (−1.86)	−0.0310*** (−5.80)	0.00574** (−2.99)
_cons	0.237*** (−5.75)	0.374*** (−15.13)	0.475*** (−45.27)
Industry	Yes	Yes	Yes
Year	Yes	Yes	Yes
N	4332	2055	2076
F	38	37	37

注：t statistics in parentheses，*p<0.1，**p<0.05，***p<0.01。

由表5-12结果可知，在三个样本组中，企业社会责任与投资效率均为负，得出的结果与前文结论一致。在投资过度样本组中，系数 α_1 不显著，未能通过中介检验程序。在总样本与投资不足组中，系数 α_1、β_1、ρ_1、ρ_2 显著，在一定程度上可以证明，融资约束起到部分中介作用，通过中介效应程序检验，在一定程度上验证模型（5-5）的稳健性，假设 H5-3 和 H5-3b 成立。

六、异质性分析

1. 产权异质性分析

本章对融资约束下企业社会责任与投资效率的关系在不同产权性质下有何异同进行探讨。基于所有权的属性，我们把研究对象分成国有企业和非国有企业两组，对企业社会责任与投资效率进行回归分析，其结果如表 5-13 所示。

表 5-13 企业社会责任与企业投资效率的回归结果

	国有企业	非国有企业
CSR	-0.00101 *** (-3.55)	-0.00111 * (-1.75)
Cash	-0.242 *** (-4.11)	0.725 *** (-7.56)
Listage	-0.000344 (-0.43)	0.00304 * (-2.35)
Lev	-0.0557 ** (-2.59)	-0.0923 * (-2.23)
Growth	0.0159 (-1.7)	-0.000853 (-0.09)
Tang	0.105 ** (-2.78)	-0.0461 (-0.48)
Cent	0.000143 (-0.58)	0.00139 ** (-3.09)
Roe	-0.000112 (-0.52)	0.00170 ** (-2.76)

续表

	国有企业	非国有企业
_cons	0.262*** (-5.6)	0.174 (-1.69)
Industry	Yes	Yes
Year	Yes	Yes
N	3196	1137
F	37	38

注：t statistics in parentheses，* p<0.1，* * p<0.05，* * * p<0.01。

由表 5-13 的实证结果可知，国有企业组的企业社会责任指标系数为
-0.00101，非国有企业组企业社会责任指标系数为-0.00111，可以发现非国有
企业组的系数更小。虽然两个系数之间差距不大，但也可以在一定程度上证明，
在非国有样本组中，企业社会责任对投资效率作用更为显著，这可能是因为相较
于非国有企业，投资者更信赖国有企业，要想改变这一状况，非国有企业可以通
过履行社会责任获取投资者更多的信任，获取资金进行投资，因此对非国有企业
投资效率提升效果会更好。

通过实证研究，发现在不同的企业性质下，企业社会责任对融资约束的作用
存在差异。结果如表 5-14 所示。

表5-14 企业社会责任与融资约束的回归结果

	国有企业	非国有企业
CSR	0.0599*** (-30.21)	0.0508*** (-15.61)
Cash	2.584*** (-7.11)	-0.596 (-1.20)

续表

	国有企业	非国有企业
Listage	-0.0435*** (-7.90)	0.0168* (-2.51)
Lev	3.624*** (-24.31)	3.300*** (-15.44)
Growth	0.00394 (-0.06)	0.0636 (-1.35)
Tang	0.401 (-1.53)	2.505*** (-5.03)
Cent	0.0181*** (-10.53)	0.00539* (-2.31)
Roe	0.0112*** (-7.66)	0.0232*** (-7.28)
_cons	-0.119 (-0.14)	-0.00221 (-0.00)
Industry	Yes	Yes
Year	Yes	Yes
N	3214	1141
F	37	38

注：t statistics in parentheses，* p<0.1，** p<0.05，*** p<0.01。

由表5-14结果可知，国有企业组企业社会责任指标系数为0.0599且系数显著，非国有企业组指标系数为0.0508且系数显著，可以发现非国有企业样本组中系数更低，通过对两组结果进行对比分析，在国有企业中企业社会责任起到的缓解效果更为显著。与我们所认知的结果可能并不一致，原因可能是当国有企业与非国有企业履行社会责任水平相差不多时，银行等外部投资者可能认为国有企业更值得信赖，从而对其进行投资。

通过实证研究，发现在不同的企业性质下，融资约束在三者关系中所起到的中介传导作用存在差异，本章对两个样本组进行回归，其结果如表 5-15 所示。

表 5-15　企业社会责任、融资约束与企业投资效率的回归结果

	国有企业	非国有企业
CSR	−0.00016*	−0.000356*
	(−0.50)	(−0.51)
SA	−0.0142***	−0.0148*
	(−5.61)	(−2.53)
Cash	−0.204***	0.716***
	(−1.20)	(−7.48)
Listage	−0.000952	0.00329*
	(−1.20)	(−2.54)
Lev	−0.00391	−0.0436
	(−0.17)	(−0.96)
Growth	0.0159	−0.00000378
	(−1.71)	(−0.00)
Tang	0.110**	−0.00877
	(−2.95)	(−0.09)
Cent	0.000402	0.00147**
	(−1.61)	(−3.26)
Roe	0.0000501	0.00205**
	(−2.95)	(−3.24)
_cons	0.268***	0.16
	(−5.75)	(−1.55)
Industry	Yes	Yes
Year	Yes	Yes
N	3196	1137
F	38	37

注：t statistics in parentheses，* p<0.1，** p<0.05，*** p<0.01。

对两个样本组进行对比分析，国有企业组企业社会责任指标系数为-0.00016，非国有企业组指标系数为-0.000356，两组系数显著。通过对两组系数进行对比，可以发现非国有企业组中的系数更小，说明在非国有企业样本组中，企业社会责任对投资效率的提升更为显著。根据中介检验程序，发现两组的系数 α_1、β_1、ρ_2 显著，并且系数 ρ_1 显著，在一定程度上可以证明，融资约束起到部分中介作用，且在非国有企业其中介传导作用更好，这可能是因为非国有企业履行社会责任，更有利于提升投资者对企业的信任，更容易通过影响融资约束来提升投资效率。

2. 行业异质性分析

本章对融资约束下企业社会责任与投资效率的关系在不同行业下有何异同进行探讨。根据 2010 年，环保部公布的《上市公司环境信息披露指南》对重污染行业的划分，将样本企业按行业划分为重污染行业和一般行业两组，对企业社会责任与投资效率进行回归分析，其结果如表 5-16 所示。

表 5-16　企业社会责任与企业投资效率回归结果

	重污染行业	一般行业
Csr	-0.00162*** (-4.11)	-0.00159*** (-4.70)
Cash	0.131 (-1.65)	-0.0129 (-0.21)
Listage	-0.000176 (-0.19)	0.00203** (-2.69)
Lev	-0.0743** (-2.59)	0.00648 (-2.69)
Growth	0.00999 (-1.18)	0.0078 (-0.83)

续表

	重污染行业	一般行业
Tang	0.0977 (−1.68)	0.136*** (−3.35)
Cent	0.000143 (−0.45)	0.00139** (−2.7)
Roe	0.000637** (−2.75)	−0.000485 (−1.41)
State	−0.0184 (−1.54)	−0.0213* (−2.19)
_cons	0.231*** (−5.6)	0.116** (−1.69)
Year	Yes	Yes
N	1620	2704

注：t statistics in parentheses，＊$p<0.1$，＊＊$p<0.05$，＊＊＊$p<0.01$。

从表5-16的实证结果可知，重污染行业样本组的企业社会责任指标系数为−0.00162，一般行业样本组企业社会责任指标系数为−0.00159，可以发现重污染行业组的系数更小。虽然两者系数之间差距不大，但也可以在一定程度上证明，在重污染行业组中，企业社会责任对投资效率作用更为显著，这可能是因为相较于一般行业，重污染行业企业需要承担更多的社会责任义务，其履行社会责任质量越好，越容易获取投资者的信赖。重污染行业的企业可以通过履行社会责任获取投资者更多的信任、获取资金进行投资，因此对其投资效率的提升效果会更好。

通过实证研究，发现在一般行业与重污染行业两个样本组中，企业社会责任对融资约束的作用存在差异，结果如表5-17所示。

表 5-17　企业社会责任与融资约束回归结果

	重污染行业	一般行业
Csr	0.0665*** (-19.42)	0.0626*** (-29.55)
Cash	1.987*** (-3.98)	1.038** (-2.64)
Listage	-0.0382*** (-5.29)	-0.0233*** (-4.93)
Lev	3.396*** (-1.88)	4.571*** (-1.98)
Growth	-0.0325 (-0.49)	0.0501 (-0.84)
Tang	0.653 (-1.42)	-0.0149 (-0.06)
Cent	0.0276*** (-10.66)	0.0143*** (-8.32)
Roe	0.00710*** (-4.03)	0.0223*** (-10.3)
State	0.0972 (-1.03)	0.245*** (-4.03)
_cons	0.337 (-0.70)	0.27 (-1.00)
Year	Yes	Yes
N	1620	2704

注：t statistics in parentheses，＊p<0.1，＊＊p<0.05，＊＊＊p<0.01。

　　由表 5-17 结果可知，重污染行业组企业社会责任指标系数为 0.0665 且系数显著，一般行业组指标系数为 0.0626 且系数显著，可以发现重污染行业样本组中系数更高。通过对两组结果进行对比分析发现，在重污染行业中企业社会责任起到的缓解效果更为显著。这可能是因为所处重污染行业的企业投资金额大，回报期长，其更容易面临资金短缺问题，而良好地履行社会责任，可以提升企业形象，对获取外部投资者的信任更为有益，获取资金更容易缓解融资约束。

通过实证研究，发现在一般行业与重污染行业两个样本组中，融资约束在三者关系中所起到的中介传导作用存在差异，本章对两个样本组进行回归，其结果如表5-18所示。

表5-18　企业社会责任、融资约束与企业投资效率回归结果

	重污染行业	一般行业
Csr	-0.000875* (-2.14)	-0.000721* (-1.86)
SA	-0.0114*** (-3.63)	-0.0138*** (-4.53)
Cash	0.149 (-1.88)	0.00161 (-0.03)
Listage	-0.0006 (-0.65)	0.00171* (-2.26)
Lev	-0.0353 (-1.33)	0.0696** (-2.61)
Growth	0.00958 (-1.13)	0.00849 (-0.9)
Tang	0.105 (-1.81)	0.136*** (-3.36)
Cent	0.000167 (-0.49)	0.000938*** (-3.39)
Roe	0.000720** (-3.1)	-0.000177 (-0.50)
State	-0.0173 (-3.1)	-0.0179 (-0.50)

	重污染行业	一般行业
_cons	0.367 (-0.70)	0.127 (-1.00)
Year	Yes	Yes
N	1620	2704

注：t statistics in parentheses，＊p<0.1，＊＊p<0.05，＊＊＊p<0.01。

对两个样本组进行对比分析，重污染行业组企业社会责任指标系数为
-0.000875，一般行业组指标系数为-0.000721，两组系数均显著。通过对两组系数
进行对比，可以发现重污染行业组中的系数更小，说明在重污染行业组中，企业社
会责任对投资效率的提升更为显著。根据中介检验程序，发现两组的系数 α_1、β_1、
ρ_2 均显著，并且系数 ρ_1 显著，在一定程度上可以证明，融资约束起到部分中介作
用，且在重污染行业组中其中介传导作用更好，这可能是因为重污染企业履行社会责
任，更有利于提升投资者对企业的信任，更容易通过影响融资约束来提升投资效率。

通过本章的研究发现：

（1）企业履行社会责任可以提升投资效率，履行社会责任会减少企业出现
投资不足的行为进而提升投资效率。

（2）企业履行社会责任可以影响融资约束，且这种影响是积极的，并且履行社
会责任通过影响融资约束进而影响投资效率，说明融资约束起到部分中介作用。

（3）由于产权属性的差异，我国企业履行社会责任在国有企业与非国有企
业中的作用表现不尽一致。在非国有企业组中，履行社会责任对投资效率的提升
作用更好；在国有企业组中，履行社会责任缓解融资约束的效果更好；在非国有
企业组中，融资约束的这种中介传导作用效果更好。

（4）通过对企业所处的行业进行划分，将样本分为一般行业和重污染行业
两组，研究发现在重污染行业组中，企业履行社会责任对投资效率的提升以及对
融资约束的缓解效果更好，且融资约束所起的部分中介作用要强于一般行业组。

第四节　研究结论、建议与局限性

一、研究结论

本章以 2011~2020 年度 A 股公司为研究对象，研究企业社会责任、融资约束和投资效率的关系，并对企业社会责任在不同的产权属性下的表现进行比较。

第一，企业履行社会责任可以提升投资效率，履行社会责任会减少企业出现投资不足的行为进而提升投资效率。说明企业履行社会责任对投资效率不具有双重治理效应，更多的是通过缓解投资不足提升投资效率。其内在机理在于企业外部人员获取信息渠道少，履行社会责任的企业拓宽获取信息的渠道，更容易获取投资者信赖，较少出现因资金不足而错过投资机会的现象，所以会减少投资不足，企业履行社会责任可以提升投资效率。

第二，企业履行社会责任可以缓解融资约束，其社会责任履行质量越高，缓解的效果会越好。信息不对称和代理问题是影响融资约束的主要因素。企业履行社会责任可以将积极的信息传递给外部，外部人员会更倾向于信赖这类社会责任表现良好的企业，从而能够缓解上述两个问题，减轻融资约束。

第三，研究了企业履行社会责任如何对投资效率发挥作用。本章使用一种检验中介效应的数学模型，研究结果表明在一定程度上存在着资金制约因素的企业可以被履行社会责任缓解，并指出其通过影响融资约束进而影响投资效率，即其可以通过融资约束影响投资不足，提升投资效率，验证部分中介作用。

第四，由于产权属性的不同，融资约束和投资效率被企业履行社会责任的行为所影响的程度并不相同。在非国有企业中，企业履行社会责任对投资效率的提升作用更好；在国有企业中，企业履行社会责任缓解融资约束的效果更好；在非国有企业中融资约束的这种中介传导作用效果更好。此外，通过对企业所处不同行业进行划分，发现在重污染行业组中企业履行社会责任对融资约束的缓解，以及提升投资效率的效果更好，且融资约束的中介传导作用效果更好。

二、建议

基于以上研究，本书提出以下建议：

第一，完善社会责任法律，建立相关法律制度。根据本章结论，企业社会责任可以提升投资效率，且这种提升在非国有企业中效果更好。社会责任在国内引进的时间比较短，因此，企业对其关注的力度还不够大，如果要强化企业的社会责任感，提升其履行水平，离不开政府的支持和鼓励。要想彻底改善这种状况，必须从制度上进行改变，建立相关的法律制度与监管体系，完善社会责任法律，来培养和加强企业社会责任感。因为相应法律与监管制度的缺乏，企业会出现虚假的社会责任信息或者瞒报的情况，企业在对外发布相关信息时缺乏有效监督。由于信息的可信度尚不明确，难以取得有关各方的信赖，使企业社会责任未能发挥应有的作用。这种现象更容易出现在非国有企业，因为相较于国有企业有政府的监管，非国有企业更缺乏相应的监督。因此，政府应当尽快出台相关的法律法规，同时也应尽快完善相应的监管体系，并大力宣传企业履行社会责任时所能够获得的正向效果，在重视国有企业履行社会责任的同时也要鼓励非国有企业积极去履行，使企业履行社会责任的质量有所提升，促进投资效率的提升。

第二，积极改善融资环境，拓宽融资渠道。根据本章的结论，融资约束在很大程度上可以影响企业的投资决策，因为投资需要资金的支持，所以融资约束可以影响投资效率。目前，我国企业在发展过程中都会面临资金的困扰，而企业的投资离不开资金的支持，要想改变这一现状，政府应发挥积极作用，改善融资环境。我国企业在获取融资时较为困难，且融资成本较高，政府应出台相关政策，鼓励和引导银行等金融机构加大对企业的扶持力度，降低资金使用成本，从大环境上进行改变。此外，同发达国家相比，我国金融市场成立较晚，发展还不够完善，因此能获取的对外融资渠道对企业而言是较少的，企业的融资需求更多的是通过银行等外部债权融资解决，融资较为困难。因此，政府要从资金的供应方想办法，拓宽获取资金的通道，鼓励金融市场开发新产品，支持银行等金融机构提高其金融服务等。

第三，树立新发展理念，培育企业社会责任感。根据本书结论，一方面，社会责任可以缓解融资约束，并且这种缓解效果在国有企业中更好；另一方面，还可以提升企业投资效率。因此，企业履行社会责任的行为对企业来说不单单是纯粹的付出，还能为企业提供一些经济利益。"社会责任"在国内引进得比较迟，企业的社会责任意识还有待加强，相较于非国有企业，国有企业在这一方面会做得更好，且根据前文对比分析的结果，若国有企业想更好地缓解自身的融资约束，更应该重视培养社会责任感，履行社会责任。如果要强化企业的社会责任感，提升其履行水平，除了政府的鼓励和支持，企业自身也应付出努力。对此，企业要树立正确的发展理念，摒弃以往的追求利润最大化的发展理念，本着为社会和各利益相关者的利益负起责任的目的。例如，在创建企业文化的过程中，企业要把社会责任融入企业的文化之中，从思想和观念上做出改变。此外，企业提升自身的社会责任意识，培育社会责任感，重视履行社会责任，在公司的经营中引入社会责任。例如，企业销售产品获取利润的同时，本着对顾客负责的宗旨，确保公司的产品品质，履行企业的社会责任。

第四，提升自身的经营能力，建立稳定的融资渠道。根据本章的研究结论，融资约束作为中介力量，对投资效率有着重要影响。要想改变企业面临融资困难的现状，除了政府发挥应有作用，企业自身也应做出积极努力。一方面，企业应提高自身经营能力，提升其核心竞争能力，尽可能地为自身保留现金流。例如，在销售产品时尽量现销，在采购商品时利用自身核心竞争力延迟付款。提高资金利用程度，减少对外部资金的依赖。另一方面，企业要维护好与金融机构之间的关系，建立稳定的融资渠道。这样在获取外部资金时，可以降低难度。例如，企业在其日常管理中，可以与银行建立良好的互信关系，开通国内信用证等多种金融产品，拓宽自己获取资金的方式，降低获取资金的成本，以备不时之需。

三、局限性

本章研究仍存在一些局限性需要加以改进，具体如下：

第一，在研究过程中，由于非上市公司数据难以获得，选择了我国 A 股公司作为研究对象，这样存在的问题就是得出的结论是否适用于非上市企业还有待验证。

第二，在进行实证研究时，已得出一些结论，但是可以影响到投资效率的因素较多，尽管已对一些变量进行控制，但还有一些变量可能会被忽略，未纳入考虑范围之中。

第六章

ESG 表现、融资约束与企业价值

第一节 引言

在推动我国实现经济高质量发展和低碳目标实现的背景下，外部投资者对于企业披露的 ESG 行为非常重视，ESG 概念早在 2004 年由联合国环境规划署提出，旨在让企业在生产经营的同时不能忽视对于环境信息、公司治理结构及社会责任的综合体现。在国内，ESG 相关概念提出相对较晚，2018 年，证监会发布了修订后的《上市公司治理准则》，明确提出企业应及时对企业有关环境（E）、社会责任（S）和公司治理（G）的非财务信息进行披露。ESG 表现是一种关注环境信息、社会责任和公司治理而非财务绩效的一种综合体现，符合创新、协调、绿色、开放、共享的新发展理念，因此，有关政府部门推出一系列落实 ESG 理念的政策，借此提升企业价值，推动经济可持续发展。

目前，学者研究 ESG 表现对于企业价值的影响没有统一观点，大多数学者认为良好的 ESG 表现可以加强与利益相关者的有效交流，合作关系能够被搭建更为紧密，市场竞争力得到增强，进而实现企业价值的提升。张静娴等（2021）认为，企业提高 ESG 表现会提高分析师关注度，分析师关注发挥监督治理效能，促进公司价值的提升。张小艳和鲍思萌（2023）认为，ESG 表现好的民营企业具有更为丰富的社会资本和道德资本，能提升其风险承担能力，有助于在经济政策不确定性环境中保持甚至创造竞争优势，提升企业价值。还有一部分学者持有相反观点，DI 和 Thornton（2020）结合"过度投资"观点，研究发现得分高的 ESG 评级使欧洲银行的企业价值下降。Atan 等（2018）选取马来西亚公司为样本，发现企业的 ESG 表现与净资产收益率、企业价值之间没有显著关系。

基于可持续发展理论和信息不对称理论，本书以 2011～2021 年沪深 A 股上市公司为研究样本，实证检验 ESG 表现对企业价值的影响以及融资约束在两者关系间发挥的中介作用，并进一步研究不同内部控制质量、是否为重污染行业下的 ESG 表现对企业价值的异质性影响。

第二节 理论分析与研究假设

一、ESG 表现与企业价值呈正相关

基于利益相关者理论，利益相关者是公司生产经营后果的承担者，也是公司社会价值和经济价值的缔造者。公司需要为股东、债权人及有关政府部门等相关者提供有关企业的财务信息，当前有关 ESG 理念越发得到有关部门的高度重视，积极披露 ESG 相关信息的企业可以树立起良好的社会形象，建立起良好的声誉，传递出企业积极履行社会责任，践行环境保护理念，遵循与利益相关者签订的契约，增强与利益相关者的交流，减少交易成本，提升企业价值创造的效率。近年来，我国学者研究表明，对于信息不对称问题，企业 ESG 反映了其在环境信息、社会责任、公司治理方面的行为履行情况，一方面降低了企业风险，另一方面降低了企业的信息不对称程度（陶春华等，2023），提升企业价值。企业通过承担社会责任，可以获得政府的补助、税收优惠等政策补助、投资者的资金投入、提升企业的竞争力，以此提高企业价值。公司在积极遵循环境发展理念的同时，能够在各相关方之间形成好的道德观念，在企业发生资金周转困难时，降低企业可能会发生的风险。此外，良好的公司治理可以对管理者的机会主义进行监督与约束，使得其积极披露与 ESG 相关的信息，减少隐瞒相关信息的行为，实现股东价值最大化。基于此，本书提出以下假设：

H6-1：ESG 表现与企业价值呈正相关。

二、良好的 ESG 表现可以缓解企业融资约束，二者呈负相关关系

基于信号传递理论，ESG 表现可以向外界传达出与企业相关的财务信息以及非财务信息，可以使利益相关者对企业的整体生产经营情况有更深入的了解，降低与利益相关者的信息不对称问题，同时，ESG 表现良好的企业可以积极传达出企业积极履行社会责任的信息，增强投资者信心，获取生产经营的资金支持，缓解融资约束。邱牧远和殷红（2019）在生态文明建设背景下通过实证研究发现 ESG 表现可以降低融资成本，并且在环境和公司治理因素方面对企业融资成本的影响更大，可以通过这个途径增加企业价值。由于外部投资者获取的信息有限，使外部融资成本要高于股权融资，导致企业投资受限，产生融资约束问题。基于利益相关者理论，由于机构投资者偏爱投资于 ESG 表现较好的企业，为了降低外部利益相关者的不对称问题，企业积极披露自身 ESG 行为，提高企业信息披露的透明度，利益相关者更容易获取信息，减轻了企业获取外部资金的难度，有助于缓解融资约束。基于此，本书提出以下假设：

H6-2：良好的 ESG 表现可以缓解企业融资约束，二者呈负相关关系。

三、在 ESG 表现对企业价值的影响中，融资约束发挥部分中介效应

企业的生产运营活动离不开资金的周转，企业在履行 ESG 行为时需要花费更多的资金，当企业面临较强的融资约束时，无法获取用于履行社会责任的资金，影响企业的发展。反之，良好的 ESG 表现可以使企业与利益相关者搭建稳定的合作关系，一定程度上可以降低外部融资成本，使企业获取资金更容易，提升企业价值。一方面，良好的 ESG 表现能够提升资金的可获得性进而提升企业价值，王清刚等（2016）认为，积极履行 ESG 行为可以传递出企业承担社会责

任、可以缓解企业面临的融资问题，提升企业外部资金的可获得性，合理分配资金资源的用途，提升企业价值。另一方面，ESG 表现可以通过降低融资成本影响企业价值，基于信号传递理论，良好的 ESG 表现释放出了企业的积极信号，起到了传递的作用（张兆国等，2013），进而打造企业的良好形象，增加利益相关者对企业的忠诚度，外部投资者也愿意为企业提供资金的支持，为企业提供良好的融资渠道，从而降低企业的融资成本，提高企业价值。基于此，本书提出以下假设：

H6-3：在 ESG 表现对企业价值的影响中，融资约束发挥部分中介效应。

第三节　实证研究设计

一、样本来源

本书选取了 2011~2021 年的沪深 A 股上市企业数据，以此为基础开展实证分析。为了便于后续分析，本书首先对样本数据进行了如下处理：

（1）剔除变量数据严重缺失的公司。

（2）剔除 ST、*ST 和 PT 的公司。

（3）剔除金融类上市公司。

经处理后最终得到 28007 个样本数据。相关数据来源如下：通过 Wind 数据库获取了企业 ESG 信息，通过国泰安数据库（CSMAR）获取了企业融资约束信息及其他财务指标。为了消除由于极端值存在的影响，提高分析的有效性，本书针对变量开展了 1% 的缩尾处理，然后运用 Stata17.0 对数据进行处理分析。

二、变量定义

1. 被解释变量：企业价值（ROE）

企业价值（ROE），学术界部分学者使用 TobinQ 值作为企业价值的代理变量，这种方法评估企业价值比较依赖资本市场的成熟度，资本市场成熟的地区，TobinQ 值能有效体现企业的价值，但我国的资本市场的发展潜力相比欧美国家而言还有待提升，考虑到以上因素，本书采用财务类指标净资产收益率（ROE）衡量企业价值。后续稳健性检验用 ROA 替换被解释变量作为稳健性检验进一步研究。

2. 解释变量：ESG 表现（ESG）

随着 ESG 理念的不断推广，ESG 评级体系已经逐渐被国内外越来越多的公司所发布，上海华证公司在国外主流的评级体系之上进行了调整，制定出一套能有效评价我国上市公司信息披露的 ESG 体系，本书在此基础上结合高杰英等（2021）的研究成果开展后续研究，参考华证 ESG 评价体系，企业 ESG 表现主要分为 9 个等级，由低到高为 C 级至 AAA 级，每个等级对应着不同的赋值，本书将 C 级至 AAA 级分别对应 1~9 分赋值，其含义为 ESG 评级的分数越高代表企业 ESG 表现越好。

3. 中介变量：融资约束（KZ 指数）

借鉴 Kaplan 等的思想构建模型，并采用排序逻辑回归（Ordered Logistic Regression）的方法来计算 KZ 指数。KZ 指数数值越大，意味着上市公司面临的融资约束越高。

4. 控制变量

参考已有学者的相关研究，控制了有可能对企业生产经营发展产生影响的相关因素，进行了筛选，最终采用公司规模（Size）、资产负债率（Lev）、营业收入增长率（Growth）、董事人数（Board）、是否国有企业（Soe）、第一大股东持股比例（Top1）、审计意见（Opinion）作为控制变量。

表 6-1　变量定义

变量类型	变量名称	符号	变量解释
被解释变量	企业价值	ROE	净利润/股东权益平均余额
解释变量	ESG 表现	ESG	按照 ESG 等级进行 1~9 赋值
中介变量	融资约束	KZ	KZ 指数

续表

变量类型	变量名称	符号	变量解释
控制变量	公司规模	Size	年总资产的自然对数
	资产负债率	Lev	年末总负债除以年末总资产
	营业收入增长率	Growth	本年营业收入/上一年营业收入-1
	董事人数	Board	董事会人数取自然对数
	第一大股东持股比例	Top1	第一大股东持股数量/总股数
	是否国有企业	Soe	国有控股企业取值为1，其他为0
	审计意见	Opinion	若公司当年的财务报告被出具了标准审计意见，则取值为1，否则为0

三、模型构建

第一，为检验 ESG 表现对企业价值的促进作用，本书以企业价值（ROE）作为被解释变量，ESG 表现作为解释变量，建立模型（6-1）以检验假设 H6-1，若模型中系数 α_1 显著为正，则假设 H6-1 成立。

$$\begin{aligned} ROE_{i,t} = &\alpha_0 + \alpha_1 ESG_{i,t} + \alpha_2 Size_{i,t} + \alpha_3 Lev_{i,t} + \\ &\alpha_4 Growth_{i,t} + \alpha_5 Board_{i,t} + \alpha_6 Top1_{i,t} + \\ &\alpha_7 Soe + \alpha_8 Opinion_{i,t} + \sum year + \sum ind + \varepsilon_{i,t} \end{aligned} \qquad (6-1)$$

第二，为检验 ESG 表现对融资约束的影响，以融资约束（KZ）作为被解释变量，ESG 表现（ESG）作为解释变量，建立模型（6-2）以检验假设 H6-2。考察回归方程中 β_1 的显著性，验证假设 H6-2 是否成立。

$$\begin{aligned} KZ_{i,t} = &\beta_0 + \beta_1 ESG_{i,t} + \beta_2 Size_{i,t} + \beta_3 Lev_{i,t} + \\ &\beta_4 Growth_{i,t} + \beta_5 Board_{i,t} + \beta_6 Top1_{i,t} + \\ &\beta_7 Soe_{i,t} + \beta_8 Opinion_{i,t} + \sum year + \sum ind + \varepsilon_{i,t} \end{aligned} \qquad (6-2)$$

第三，以融资约束作为中介变量，检验企业 ESG 表现对企业价值影响的中介效应，建立模型（6-3）以检验假设 H6-3，若存在，进一步判断中介效应属于什么类型。

$$\mathrm{ROE}_{i,t} = \gamma_0 + \gamma_1 \mathrm{ESG}_{i,t} + \gamma_2 \mathrm{KZ}_{i,t} + \gamma_3 \mathrm{Size}_{i,t} +$$

$$\gamma_4 \mathrm{Lev}_{i,t} + \gamma_5 \mathrm{Growth}_{i,t} + \gamma_6 \mathrm{Board}_{i,t} +$$

$$\gamma_7 \mathrm{Top1}_{i,t} + \gamma_8 \mathrm{Soe}_{i,t} + \gamma_9 \mathrm{Opiniom}_{i,t} + \sum \mathrm{year} + \sum \mathrm{ind} + \varepsilon_{i,t} \qquad (6-3)$$

第四节　实证分析

一、描述性统计

本书对样本数据进行描述性统计（见表 6-2），企业价值（ROE）的平均值为 0.066，最小值是 -0.477，最大值是 0.333，标准差为 0.115，说明所选的样本公司的市场价值差距较小，但仍然存在规模上的差异性。ESG 评级最小值为 1，最大值为 6，均值为 4.121，标准差为 1.099，表明大部分企业 ESG 评级水平处于中等地位并且不同企业存在着评级差距。融资约束的平均值为 0.975，最大值与最小值分别为 6.309 和 -5.927，说明不同企业面临融资问题的程度有差别。

表 6-2　描述性统计

Variable	N	Mean	SD	Min	Max
ROE	28007	0.066	0.115	-0.477	0.333
ESG	28007	4.121	1.099	1	6
KZ	28007	0.975	2.375	-5.927	6.309
Size	28007	22.27	1.281	19.98	26.01
Lev	28007	0.426	0.203	0.056	0.875
Growth	28007	0.167	0.356	-0.497	1.896
Board	28007	2.126	0.196	1.609	2.639
Top1	28007	0.343	0.148	0.09	0.729
Soe	28007	0.359	0.480	0	1
Opinion	28007	0.975	0.157	0	1

从控制变量上看，样本企业的公司规模（Size）平均值为 22.27，最小值为 19.98，最大值为 26.01，标准差为 1.281，由此可见，在不同上市企业之间，企业资产规模差距较大。样本公司的资产负债率（Lev）的均值为 0.426，标准差为 0.203，最小值与最大值相差 0.9 左右，由此可见，不同企业承担的负债有一定的差距，部分公司存在较高的财务杠杆，对企业的生产经营具有影响。样本期间营业收入增长（Growth）较快，平均值为 0.167，最小值为 -0.497，最大值为 1.896，可以判断出有些企业的营业收入可能在逐年减少，并且不同公司间的差异较大。样本企业的董事人数（Board）的平均值为 2.126，标准差为 0.196，最小值为 1.609，最大值为 2.639，表明不同企业间的董事人数存在一定差异，波动较大。样本企业第一大股东持股比例（Top1）的平均值为 0.343，标准差为 0.148，最小值与最大值分别为 0.09 和 0.729，可以看出不同样本企业对第一大股东持股存在区别。审计意见（Opinion）的平均值是 0.975，标准差为 0.157，最小值与最大值之间相差 1，说明不同企业被出具不同的审计意见。

二、相关性分析

本书对主要变量进行了皮尔森相关系数来检验各个变量之间的相关性，结果如表 6-3 所示，企业价值（ROE）与 ESG 评级之间的相关性系数为 0.218，说明企业的 ESG 表现，会对企业的价值起到一个促进作用，并且二者之间呈现一个显著的正相关关系，初步验证了假设 H6-1，即 ESG 评级与企业价值之间呈正相关关系。ESG 表现与融资约束的相关系数是 -0.393，且在 1% 水平上显著，说明 ESG 表现良好的企业，可以缓解融资约束。初步验证了假设 H6-2。其他变量之间的相关性系数大多在 0.5 以下，说明选取了较为合理的控制变量。

此外，由于变量之间多重共线性的存在可能会影响各变量的标准差，使各变量之间的显著性发生改变。因此，本书对主要变量还进行了多重共线性检验，研究结果发现各主要变量 ESG 表现、融资约束以及企业价值的 VIF 值都小于 2，且其他控制变量的 VIF 值均小于 3，VIF 值大于 1，并且通常情况下以 VIF=10 作为

表 6-3　相关分析

	ROE	ESG	KZ	Size	Lev	Growth	Board	Top1	Soe	Opinion
ROE	1									
ESG	0.218***	1								
KZ	-0.393***	-0.170***	1							
Size	0.123***	0.212***	0.134***	1						
Lev	-0.167***	-0.044***	0.640***	0.515***	1					
Growth	0.278***	0.013***	-0.073***	0.036***	0.020***	1				
Board	0.034**	0.040***	0.050***	0.265***	0.152***	-0.020***	1			
Top1	0.140***	0.099***	-0.079***	0.200***	0.063***	-0.007	0.03***	1		
Soe	-0.036***	0.087***	0.200***	0.353***	0.291***	-0.085***	0.262***	0.248***	1	
Opinion	0.235***	0.153***	-0.137***	0.042***	-0.101***	0.063***	0.003	0.072***	0.030***	1

注：t statistics in parentheses，* $p<0.1$，** $p<0.05$，*** $p<0.01$。

多重共线性是否严重的分界线，VIF 值大于 10 表明多重共线性不太严重，而本书的 VIF 均接近 1，表明各变量间不存在严重的多重共线性问题，不会对下文的回归结果产生严重影响。其内容见表6-4。

表 6-4　共线性检验

Variable	VIF	1/VIF
Lev	2.520	0.396
KZ	1.960	0.511
Size	1.750	0.572
Soe	1.300	0.772
Board	1.120	0.892
ESG	1.120	0.896
Top1	1.110	0.897
Opinion	1.050	0.953
Growth	1.030	0.974

三、基本回归结果

基于上述多元回归结果，我们从表6-5第（1）列可以看出，仅控制年份和行业固定效应时 ESG 表现（ESG）与企业价值（ROE）的回归系数为 0.012，且在 1% 水平上显著正相关，表明 ESG 表现与企业价值显著正相关。从表6-5第（4）列可以看出：添加了控制变量后 ESG 表现（ESG）与企业价值（ROE）的回归系数为 0.005，显著性仍然保持在 1% 水平上不变。这表明上市公司良好的 ESG 表现可以显著提高企业的企业价值，两者之间呈现出正相关关系，验证了本书的假设 H6-1。表明企业在受到社会公众的监督约束下，在资本市场上向外部传递出积极履行社会责任的信息，提升企业的声誉，获得更多顾客的信任，在资本市场中具有竞争优势，进而提升企业价值。

采用 KZ 指数检验 ESG 表现对融资约束的影响，见表 6-5 第（5）列。ESG 表现与融资约束存在显著的负相关关系，相关系数为 -0.049，在 1% 水平上显著。说明企业所展现出的良好的 ESG 表现可以通过较好的信息披露来降低企业信息的不对称程度，减少企业融资成本，ESG 表现的融资约束缓解效应出现，假设 H6-2 成立。

由表 6-5 中的第（6）列可知，将企业 ESG 表现与融资约束同时纳入企业价值的回归模型后，ESG 表现与企业价值的回归系数仍在 1% 的置信水平上显著，回归系数由 0.005 到 γ_2 的值为 0.005，融资约束的系数为 -0.013，为 γ_1 的值，并在 1% 水平上显著，且 β_1、γ_2 与 γ_1 的符号相同，根据温忠麟等（2004）的研究可知，融资约束在 ESG 评级对企业价值的驱动作用中发挥了部分中介作用，假设 H6-3 得以验证，可以证明"ESG 表现—融资约束—企业价值"这一传导路径存在。

表 6-5 不加控制变量和加控制变量的回归结果

	(1) ROE	(2) KZ	(3) ROE	(4) ROE	(5) KZ	(6) ROE
ESG	0.012*** (0.001)	-0.196*** (0.016)	0.008*** (0.001)	0.005*** (0.000)	-0.049*** (0.002)	0.005*** (0.000)
KZ			-0.021*** (0.001)			-0.013*** (0.001)
Controls	No	No	No	Yes	Yes	Yes
_cons	0.031 (0.048)	3.013*** (0.605)	0.093** (0.042)	-0.684*** (0.075)	13.646*** (0.878)	-0.505*** (0.073)
Year	Yes	Yes	Yes	Yes	Yes	Yes
Industry	Yes	Yes	Yes	Yes	Yes	Yes

续表

	(1) ROE	(2) KZ	(3) ROE	(4) ROE	(5) KZ	(6) ROE
N	28007	28007	28007	28007	28007	28007
F	17.503	57.429	50.740	55.665	180.940	70.741
R^2	0.034	0.090	0.135	0.205	0.348	0.235

注：Standard errors in parentheses，＊p<0.1，＊＊p<0.05，＊＊＊p<0.01。

四、稳健性检验

(一) 滞后一期检验

考虑到 ESG 表现与企业价值之间存在的内生性问题，将解释变量 ESG 表现和控制变量同时进行滞后一期，检验滞后一期的 ESG 表现对企业价值的影响是否仍存在显著正相关，以及融资约束的中介效应是否仍然成立。回归结果如表 6-6 所示，滞后一期的 ESG 表现与企业价值 ROE 的回归系数为，且在 1% 的水平上为正向显著，与假设 H6-1 相符；且融资约束的部分中介效应仍存在，证明本书的结论是稳健的。

表 6-6　解释变量和控制变量滞后一期

	(1) ROE	(2) L.KZ	(3) ROE
L.ESG	0.006＊＊＊ (0.001)	−0.045＊＊＊ (0.013)	0.005＊＊＊ (0.001)
L.Size	−0.035＊＊＊ (0.004)	−0.648＊＊＊ (0.042)	−0.041＊＊＊ (0.004)

续表

	(1) ROE	(2) L. KZ	(3) ROE
L. Lev	0. 011 (0. 012)	8. 426 *** (0. 160)	0. 096 *** (0. 013)
L. Growth	0. 044 *** (0. 003)	−0. 557 *** (0. 037)	0. 039 *** (0. 003)
L. Board	−0. 012 (0. 009)	−0. 080 (0. 116)	−0. 013 (0. 009)
L. Top1	0. 096 *** (0. 019)	−1. 428 *** (0. 246)	0. 081 *** (0. 018)
L. Soe	−0. 026 *** (0. 010)	0. 0242 * (0. 099)	−0. 024 ** (0. 010)
L. Opinion	0. 055 *** (0. 010)	−0. 274 *** (0. 087)	0. 052 *** (0. 010)
L. KZ			0. 024 *** (0. 005)
_cons	0. 673 *** (0. 103)	13. 454 *** (0. 999)	0. 810 *** (0. 105)
Year	Yes	Yes	Yes
Industry	Yes	Yes	Yes
N	23524. 000	23524. 000	23524. 000
R^2	0. 066	0. 337	0. 083
F	17. 747	163. 530	24. 110

注：Standard errors in parentheses，＊p<0. 1，＊＊p<0. 05，＊＊＊p<0. 01。

（二）替换被解释变量

用净利润/总资产平均余额比值（ROA）替换掉被解释变量企业价值的衡量

指标，结果如表6-7所示，ESG 与替换之后的被解释变量相关回归系数为，且在 1%水平上显著，结果与主回归的结果基本保持一致。证明结论是具有稳健性的。

表6-7　替换被解释变量 ROA

	(1) ROA	(2) KZ	(3) ROA
ESG	0.003 ***	-0.049 ***	0.002 ***
	(0.000)	(0.011)	(0.000)
KZ			-0.009 ***
			(0.000)
_cons	-0.317 ***	13.646 ***	-0.196 ***
	(0.021)	(0.593)	(0.020)
Controls	Yes	Yes	Yes
Year	Yes	Yes	Yes
Industry	Yes	Yes	Yes
N	28007.000	28007.000	28007.000
R^2	0.119	0.245	0.175
F	200.412	340.585	250.916

注：Standard errors in parentheses，* $p<0.1$，** $p<0.05$，*** $p<0.01$。

(三) PSM 处理

为防止变量之间互为因果进行影响，本书首先采用 PSM 倾向得分匹配进行稳健性检验。将 ESG 表现（ESG）大于中位数4的样本划分为实验组，小于中位数4的样本划分为对照组；其次将影响实验组的企业规模、资产负债率、营业收入增长率等变量为匹配变量进行回归；再次，选取最近邻匹配方法与对照组进行1∶1有放回的匹配；最后，使用匹配后的样本进行回归。回归结果如表6-8所示，说明其研究结果是稳健的。

表 6-8　PSM 倾向得分匹配

	（1） ROE	（2） KZ	（3） ROE
ESG1	0.029*** （0.001）	−0.519*** （0.024）	0.019*** （0.001）
KZ			−0.021*** （0.000）
_cons	−0.513*** （0.017）	9.163*** （0.297）	−0.322*** （0.016）
Controls	Yes	Yes	Yes
Year	Yes	Yes	Yes
Industry	Yes	Yes	Yes
N	21132.000	21132.000	21132.000
R^2	0.193	0.498	0.298
F	133.719	551.601	230.494

注：t statistics in parentheses，*p<0.1，**p<0.05，***p<0.01。

五、异质性分析

为了深入探讨 ESG 表现对企业价值的推动作用，本书按照内部控制质量高低以及是否为非重污染企业分别进行了分组回归分析。

（一）内部控制质量高低的异质性

ESG 表现与内部控制质量紧密联系，企业的公司治理离不开运行有效的内部

控制，按迪博内部控制指数的中位数分组回归。回归结果如表 6-9 所示，第
（1）列、第（2）列 ESG 表现的回归系数均在 1% 的水平上显著，但拥有内部控
制质量低的企业，其 ESG 表现对企业价值的影响更强。这说明内部控制高的企
业，其促使管理者积极主动对外公布信息，把企业所做的 ESG 行为及时披露，
减少隐瞒不利信息的动机，提高信息透明度，企业 ESG 投资相对较为成熟，因
而 ESG 表现对企业价值的边际贡献不明显。而内部控制质量低的企业 ESG 投资
理念发展起步虽晚，但在当前高质量发展背景下，企业和投资者也逐步重视 ESG
投资对企业绩效的影响。因此，一旦企业 ESG 表现有所提升就会受到政府、媒
体及投资者的高度关注与支持，促使企业不断提升 ESG 表现和投资效率，对于
提升企业价值也更加明显。

表 6-9　内部控制质量的异质性检验

	内部控制质量高			内部控制质量低		
	(1) ROE	(2) KZ	(3) ROE	(4) ROE	(5) KZ	(6) ROE
ESG	0.005*** (0.001)	-0.027 (0.020)	0.004*** (0.001)	0.006*** (0.001)	-0.060*** (0.017)	0.005*** (0.001)
KZ			-0.013*** (0.001)			-0.013*** (0.001)
Controls	Yes	Yes	Yes	Yes	Yes	Yes
_cons	-0.870*** (0.137)	15.163*** (1.534)	-0.667*** (0.130)	-0.653*** (0.093)	13.435*** (1.018)	-0.476*** (0.092)
Year	Yes	Yes	Yes	Yes	Yes	Yes
Industry	Yes	Yes	Yes	Yes	Yes	Yes
N	14009	14009	14009	13998	13998	13998
F	24.921	65.377	29.949	32.814	121.967	43.138
R^2	0.189	0.283	0.224	0.223	0.399	0.248

注：t statistics in parentheses，* $p<0.1$，** $p<0.05$，*** $p<0.01$。

（二）区域异质性

我国区域经济发展不平衡，行业的价值提升也会有所差异。为进一步研究
ESG 表现对企业价值影响的异质性，本书将样本分为东部和中西部地区，
表 6-10 第（1）列为东部地区的回归结果，第（4）列为中西部地区的回归结
果，根据回归结果可知，ESG 表现对企业价值的促进作用在东部地区和中西部地
区均显著，但在东部地区促进作用更强。

表 6-10　区域异质性检验

	东部地区			中西部地区		
	（1） ROE	（2） KZ	（3） ROE	（4） ROE	（5） KZ	（6） ROE
ESG	0.005 *** （0.001）	-0.056 ** （0.016）	0.004 *** （0.001）	0.004 *** （0.002）	-0.024 （0.021）	0.004 ** （0.002）
KZ			-0.012 *** （0.001）			-0.016 *** （0.001）
Controls	Yes	Yes	Yes	Yes	Yes	Yes
_cons	-0.070 *** （0.090）	13.631 *** （1.033）	-0.606 *** （0.087）	-0.483 *** （0.131）	14.167 *** （1.691）	-0.262 *** （0.124）
Year	Yes	Yes	Yes	Yes	Yes	Yes
Industry	Yes	Yes	Yes	Yes	Yes	Yes
N	19748.000	19748.000	19748.000	8259.000	8259.000	8259.000
F	38.855	123.222	49.146	20.795	73.933	26.936
R^2	0.215	0.336	0.241	0.191	0.377	0.228

注：Standard errors in parentheses，p<0.1，＊＊p<0.05，＊＊＊p<0.01。

第五节　结论与启示

一、研究结论

本书基于信息不对称理论和可持续发展理论等相关理论，采用我国沪深 A 股上市公司 2011~2021 年的样本数据，实证探究了融资约束在企业 ESG 表现提高企业价值这一影响中发挥的机制路径。研究结果表明：

第一，企业良好的 ESG 表现能够显著促进企业价值的提升，且融资约束在这一 ESG 表现促进企业价值的过程中发挥了部分中介效应，验证了机制路径。

第二，通过替换被解释变量衡量指标，将解释变量和控制变量同时滞后一期的稳健性检验和运用 PSM 倾向得分匹配法考虑了 ESG 表现与企业价值之间可能存在的内生性后，研究结果依然成立。

第三，在异质性研究中，在东部地区和低质量内部控制下，企业 ESG 表现对企业价值能够产生更加显著的推动作用。

二、研究启示

本书的启示有以下两个方面：

第一，从政府角度出发：政府应完善有关 ESG 评级体系，加大对 ESG 的投资力度，针对企业履行 ESG 行为的情况规制奖惩情况。有关环保部门和其他职能部门加强企业披露 ESG 信息的监管，确保制度的落实，防止管理层为了自身的信誉而进行虚假披露 ESG 相关的非财务信息。同时，政府要鼓励第三方评级机构积极参与企业披露 ESG 信息的采集。

第二，从企业层面出发：企业要注重 ESG 理念的宣传，提高员工对于 ESG
表现与可持续发展理念的意识，可以纳入企业的战略当中。主动进行 ESG 信息
披露，降低利益相关者与企业之间信息的不对称，吸引外部资金的支持，缓解融
资约束，提高企业价值。在中西部地区的企业要加强对 ESG 理念的认知，注重
对于 ESG 体系的建设，提升自身的声誉，获取更多的资源，保证企业的健康
发展。

第七章

研究结论与展望

一、研究结论

本书选取沪深 A 股上市公司为研究对象，以信息不对称理论、委托代理理论、利益相关者理论、信号传递理论、声誉理论、投资效率与企业价值理论、可持续发展理论等作为本研究的支撑，在借鉴国内外已有研究成果的基础上，选取上市公司财务数据及非财务数据和其他相关资料作为依据，围绕上市公司社会责任与投资效率展开研究，按照社会责任—审计质量—投资效率和社会责任—融资约束—投资效率的作用路径，结合投资效率与企业价值的相关理论，继而研究ESG 表现—审计质量—企业价值和 ESG 表现—融资约束—企业价值的作用路径并进行中介效应分析，以定量、定性分析方法为主要研究手段，对上述作用路径进行理论分析。并得到如下结论：

第一，企业社会责任可以提升投资效率。且通过替换中介变量等稳健性检验后，结论依旧成立。为进一步明晰企业社会责任影响投资效率的作用机制，本书从融资视角和审计视角进行了深入剖析，研究结果发现，企业社会责任对投资效率的影响，一方面可以通过缓解融资约束途径实现企业投资效率的提升，另一方面可以通过提升企业审计质量来实现。前者主要是社会责任表现良好的企业可以向外界传递出企业具有良好发展态势的信息，吸引外部投资者的资金支持，在一定程度上存在着资金制约因素的企业可以被履行社会责任缓解，即其可以通过融资约束影响投资不足，提升投资效率。后者则是由于企业社会责任信息的披露可以将积极的信息传递给外部利益相关者，外部人员会更倾向于信赖这类社会责任表现良好的企业，从而能够在一定程度上提升审计质量，进而促进投资效率的提升。

第二，本书从企业基本属性的视角剖析了什么样的企业对企业社会责任与投资效率的影响更大，由于产权属性的不同，融资约束和投资效率被企业履行社会责任的行为所影响的程度并不相同。在非国有企业中，企业履行社会责任对投资效率的提升作用更好；说明非国有企业更偏向于通过履行社会责任来增加自身的价值声誉，获取外部资源，优化资金使用效率。且在非国有企业中融资约束的这种中介传导作用效果更好。此外，通过对企业所处不同行业进行划分，发现在重污染行业组中企业履行社会责任对融资约束的缓解以及提升投资效率的效果更好，且融资约束的中介传导作用效果更好。主要是因为重污染行业积极履行社会责任能够向外界传递出在环境防护方面所下定的决心，更容易获取外部投资者的支持，可以促进企业投资效率的提升。

第三，结合投资效率与企业价值的相关理论，本书又继续选取我国沪深 A 股上市公司 2011~2021 年的样本数据，分别实证探究了审计质量和融资约束在企业 ESG 表现提高企业价值这一影响中发挥的作用路径。研究结果表明：企业良好的 ESG 表现能够显著促进企业价值的提升，且审计质量和融资约束分别在 ESG 表现促进企业价值的过程中发挥了部分中介效应，验证了作用路径。且在通过滞后一期检验，替换被解释变量以及 PSM 倾向得分匹配处理等稳健性检验之后，结论依然成立。同时，在异质性研究中，分析得出：①在东部地区，ESG 表现对企业价值能够产生更加显著的推动作用。②低质量内部控制下的企业，ESG 投资理念发展起步虽慢，但在当前高质量发展背景下，一旦企业 ESG 表现有所提升就会受到政府、媒体及投资者的高度关注与支持，促使企业不断提升 ESG 表现和投资效率，促进企业价值的提升。③非重污染行业中，ESG 表现良好的企业可以减少审计业务的复杂度，促进企业价值的提升。④高融资程度下的企业更容易在投资时具有谨慎性，降低可能产生的财务和经营风险，更容易向外界公众传递出企业发展态势良好的信息，促进企业价值的提升。

二、研究局限性

第一，指标选取具有局限性，本书选取现有研究的润灵环球责任指标作为主要的变量之一，但评级指数可能还存在一定的误差有待进一步完善。因此，在后续的研究中应更加注重如何优化社会责任衡量体系，构建合理完善的衡量指标。其中，本书的 ESG 评分数据来自华证指数公布的 ESG 评分，而国内有许多 ESG

评级机构，且评级体系并没有得到统一，因此所用的 ESG 评分数据可能并没有充分准确地体现企业的 ESG 表现。

第二，由于数据的有限性、相关变量的缺失，本书仅选取全部 A 股上市公司为样本展开研究，因此本书的研究结论可能并不适用于其他行业，今后的研究可以从制造业或者重污染行业等其他行业进行研究。

第三，研究视角的局限性，本书研究发现了企业社会责任与投资效率的关系，由于企业社会责任影响范围较广，而且对企业投资效率的影响因素也较为丰富，本书仅基于融资约束和审计质量两个视角对二者的关系进行剖析，投资效率的高低和社会责任履行也会受到政府政策、市场化进程以及媒体监督等众多外部治理因素的影响。在深入研究之后也分析出 ESG 表现与企业价值的关系，ESG 评级机构多，企业价值的影响因素丰富，其中，本书仅从融资约束和审计质量两个视角进行二者关系研究，由于企业价值的高低也会受到行业竞争程度、金融环境等外部因素的影响，今后进一步深入研究的方向可以从上述方面展开。

参考文献

［1］ Abate G, Basile IFerrari P. The level of sustainability and mutual fund performance in Europe: An empirical analysis using ESG ratings ［J］. Corporate Social Responsibility and Environmental Management, 2021, 28 (5): 1446-1455.

［2］ Alareeni B A, Hamdan A. ESG impact on performance of US S&P 500-listed firms ［J］. Corporate Governance: The International Journal of Business in Society, 2020, 20 (7): 1409-1428.

［3］ Alexandre Sanches Garcia, Renato J. Orsato. Testing the institutional difference hypothesis: A study about environmental, social, governance, and financial performance ［J］. Business Strategy and the Environment, 2020, 29 (8): 3261-3272.

［4］ Almeida H, Campello M, Weisbach M. The cash flow sensitivity of cash ［J］. Journal of Finance, 2004, 59 (4): 1777-1804.

［5］ Barry Ackers. Who provides corporate social responsibility (CSR) assurance and what are the implications of the various assurance practices? ［J］. Journal of Economic and Financial Sciences, 2015, 8 (1) .

［6］ Benlemlih M, Bitar M. Corporate social responsibility and investment efficiency ［J］. Jurnal of Business Ethics, 2018 (3): 647-671.

［7］ Blokdijk, J. H. , Drieenhuizen, F. The environment and the audit profession: A Dutch research study ［J］. European Accounting Review, 1992 (1): 437-443.

［8］ Bohyun Yoon, Byul Kim, Jeong Hwan Lee. Is Earnings Quality Associated with Corporate Social Responsibility? Evidence from the Korean Market ［J］. Sustainability, 2019, 11 (15): 761-796.

［9］ Brogi M, Lagasio V. Environmental, social, and governance and company profitability: Are financial mtermediaries different? ［J］. Corporate Social Responsibility and Environmental Management, 2019, 26 (3): 576-587.

［10］ Carrol A B. Three Dimensional Conceptual Model of Corporate Performance ［J］. Academy of Mannagement Review, 1979, 4 (4): 497-505.

［11］ Charles H. Cho, Robin W. Roberts, Dennis M. Patten. The language of US corporate environmental disclosure [J]. Accounting, Organizations and Society, 2009, 35 (4): 431-443.

[12] Chen B, Zhang A. How Does Corporate Social Responsibility Affect the Cost of Equity Capital through Operating Risk? [J]. Borsa Istanbul Review, 2021, 21 (3): 38-45.

[13] Christine A. Hemingway, Patrick W. Maclagan. Managers' Personal Values as Drivers of Corporate Social Responsibility [J]. Journal of Business Ethics, 2004, 50 (1): 33-44.

[14] Clarkson, Max B E. A Stakeholder Framework for Analyzing and Evaluating Corporate Social Performance [J]. Academy of Management Revie, 1995, 20 (1): 92-117.

[15] Corama, P. C. Fergus ona, and R. Moroney. Internal audit, alternative internal Audit structures and the level of misappropriation of assets fraud [J]. Accounting and Finance, 2008 (48): 543-559.

[16] Crifo P, Diaye M, Oueghlissi R. The effect of countries' ESG ratings on their sovereign borrowing costs [J]. Quarterly Review of Economics and Finance, 2017 (66): 13-20.

[17] Daniel Botez. Internal audit and management entity [J]. Procedit Economic and financel, 2012 (3): 1158-1160.

[18] David C. Broadstock et al. The role of ESG performance during times of financial crisis: Evidence from COVID-19 in China [J]. Finance Research Letters, 2021 (38): 101716.

[19] Denis D J, Sibilkov V. Financial constraints, investment, and the value of cash holdings [J]. The Review of Financial Studies, 2011, 23 (1): 247-269.

[20] Dixon and Singer. Unlocking the Strategic Value of Internal Audit: Three Steps to Transformation [J]. Internal Auditing, 2011 (3): 9.

[21] Duque-Grisales E, Aguilera-Caracuel J. Environmental, Social and Gov-

ernance (ESG) Scores and Financial Performance of Multilatinas: Moderating Effects of Geographic International Diversification and Financial Slack [J]. Journal of Business Ethics, 2021 (2): 315-334.

[23] Eliwa Y, Aboud A, Saleh A. ESG practices and the cost of debt: Evidence from EU countries [J]. Critical Perspectives on Accounting, 2019 (79): 102097.

[22] Frykman D, Tolleryd J. Corporate valuation: An easy guide to measuring value [M]. New Tersiey: FT Press, 2003: 235-238.

[24] Fazzari, Hubbard, Petersen. Financing Constrains and Corporate Investment [Z]. Brookings Papers on Economic Activity, 1988 (1).

[25] Freeman R. E. A Stakeholder Approach about social responsibility. Strategic Management [M]. Pitman Publishing, 1984.

[26] Gary C. Biddle, Gilles Hilary, Rodrigo S. Verdi. How does financial reporting quality relate to investment efficiency? [J]. Journal of Accounting and Economics, 2009, 48 (2): 112-131.

[27] Ga-Young Jang, Hyoung-Goo Kang, Ju-Yeong Lee, Kyounghun Bae. ESG Scores and the Credit Market [J]. Sustainability, 2020, 12 (8): 34-56.

[28] George Calota. The Importance of Internal Audit in Optimizing Management Processes [J]. Internal Auditing & Risk Managemen, 2014 (9): 11-20.

[29] George H, Firoiu I D, Pirvu R, Vilag R D. The impact of ESG factors on market value ofcompanies from travel and tourism industry [J]. Technological and Economic Development ofEconomy, 2019, 25 (5): 1-30.

[30] Gomariz M F C, Ballesta J P S. Financial reporting quality, debt maturity and investment efficiency [J]. Journal of Banking and Finance, 2014, 40: 494-506.

[31] Giudice A D, Rigamonti S. Does Audit Improve the Quality of ESG Scores? Evidencefrom Corporate Misconduct [J]. Sustainability, 2020, 12 (14): 56-70.

[32] Greenfield Albert M. "book-review" Social Responsibilities of the Businessman [J]. Annals of the American Academy of Political and Social Science,

1953: 290.

[33] Hao Y, Ye B, Gao M Z, Wang Z Y, Chen W Z, Xiao Z F, Wu H T. How Does Ecology of Finance Affect Financial Constraints? Empirical Evidence from Chinese Listed Energy-and Pollution-Intensive Companies [J]. Ournal of Cleaner Production, 2020, 246: 119061.

[34] Ibrahim M. The moderating effect of corporate governance on the relationship between corporate social responsibility and financial performance of listed non-financial services companies in nigeria [J]. International Journal of Accounting & Finance (IJAF), 2020, 9 (1).

[35] Jensen, M. C. and W. H. Meckling. Theory of the firm Manegerial Behavior, Agency Costs and Ownership Structure [J]. Journal of Fanancial Economics, 1976 (4): 305-360.

[36] Jiang. F. WCai, X. Wang, and B. Zhu. Multiple Large Shareholders and Corporate Investment Evidence From China [J]. Jounal of Corporate Finance, 2018 (50): 66-83.

[37] Khan Muhammad Kaleem, He Ying and Akram Umair etal. Financing and Monitoring in an Emerging Economy: Can Investment Efficiency be Increased [J]. China Economic Review, 2017 (3): 62-77.

[38] Kim Y. , Park M. S, Wier B. Is earnings quality associated with corporate social responsibility? [J]. The Accounting Review, 2012 (3): 761-796.

[39] Lamont O, Polk C, Saa. Requejo J. Financial Constraints and Stock Returns [J]. Review of Financial Studies, 2001, 14 (2): 529-554.

[40] Leitner, Sandra M. Financing constraints and firm growth in emerging Europe [J]. South East European Journal of Economics and Business, 2016, 11 (1): 18-40.

[41] Leong C. K, Yang Y C. Constraints On "Doing Good": Financial Constraintsand Corporate Social Responsibility [J]. Finance Research Letters, 2020, 40

（1）：101694.

［42］ Limkriangkrai M, Koh S, Durand B R. Environmental, Social, and Governance（ESG）Profiles, Stock Returns, and Financial Policy: Australian Evidence ［J］. International Review of Finance, 2017, 17（3）：461-471.

［43］ Linnenluecke MK. Environmental, social and governance（ESG）performance in the context of multinational businessresearch ［J］. Multinational Business Review, 2022, 30（1）：1-16.

［44］ Liu X, Wang E, Cai D. Green credit policy, property rights and debt financing: Quasi-natural experimental evidence from China ［J］. Finance Research Letters, 2019, 29：129-135.

［45］ Li Y, Chen R, Xiang E. Corporate social responsibility, green financial system guidelines, and cost of debt financing: Evidence from pollution-intensive industries in China ［J］. Corporate Social Responsibility and Environmental Management, 2021, 29（3）：593-608.

［46］ Luo H R, Islam A, Wang R. Financing Constraints and Investment Efficiency in Canadian Real Estate and Construction Firms: A Stochastic Frontier Analysis ［J］. SAGE Open, 2021, 11（3）：215824402110315.

［47］ Myers S C, Majluf N. Corporate Financing and Investment Decisions When Firms have Information that Investors do not Have ［J］. Journal of Financial Economics, 1984, 13（2）：187-221.

［48］ Nick Lin-Hi, Igor Blumberg. The Link Between（Not）Practicing CSR and Corporate Reputation: Psychological Foundations and Managerial Implications ［J］. Journal of Business Ethics, 2018, 150（1）：185-198.

［49］ Nollet J, Filis G, Mitrokostas E. Corporate social responsibility and financial performance: A non-linear and disaggregated approach ［J］. Economic Modelling, 2016（52）：400-407.

［50］ Pintekova A, Kukacka J. Corporate social responsibility and stock prices after the financial crisis: The role of strategic CSR activities [J]. SSRN Electronic Journal, 2021.

[51] Palomino-Tamayo W, Timana J, Cerviño J. The Firm Value and Marketing Intensity Decision in Conditions of Financial Constraint: A Comparative Study of the United States and Latin America [J]. Journal of International Marketing, 2020, 28 (3): 21-39.

[52] Pope S, J Kim. Where, When, and Who: Corporate Social Responsibility and Brand Value, A Global Panel Study [J]. Business & Society, 2021 (3): 186-202.

[53] Porter, Kramer. Creating Shared Value [J]. Harvard Business Review, 2011, 89 (1): 1-17.

[54] Qureshi M A, Kirkerud S, Theresa K, Ahsan T. The impact of sustainability (environmental, social, and governance) disclosure and board diversity on firm value: Themoderating role of industry sensitivity [J]. Business Strategy and the Environment, 2020, 29 (3): 60-75.

[55] Richardson, S. Over. investment of Free Cash Flow [J]. Review of Accounting Studies, 2006 (11): 159-189.

[56] Ryu Haeyoung, Chae SooJoon, Song Bomi. Corporate Social Responsibility, Audit Committee Expertise, and Financial Reporting: Empirical Evidence from Korea [J]. Sustainability, 2021, 13 (19): 1-14.

[57] Sami Bacha, Aymen Ajina, Sourour Ben Saad. CSR performance and the cost of debt: does audit quality matter? [J]. Corporate Governance: The International Journal of Business in Society, 2020, 21 (1): 335.

[58] Sassen R, Hinze A K, Hardeck I. Impact of ESG factors on firm risk in Europe [J]. Journal of Business Economics, 2016, 86 (8): 867-904.

[59] Stephen C. Vogt. The Cash Flow/Investment Relationship: Evidence from U. S. Manufacturing Firms [J]. Financial Management, 1994, 23 (2): 3-20.

［60］Thompson K, Sheldon O. The philosophy of management ［M］. Sir I Pitman, 1923: 36-38.

［61］Thompson, L. and Mathews, M. Environmental Auditing: Current practice in New Zealand ［J］. Accounting forum, 1994 (11): 47-69.

［62］Turban, Greening. Corporate Social Performance and OrganizationalAttractiveness to Prospective Employees ［J］. Academy of Management Journal, 1997, 40 (3): 658-672.

［63］Wallace, Kreutzfeldt, et al. Distinctive characteristics of entities with an internal audit department andthe association of the quality of such departments with errors ［J］. Contemporary Accounting Research, 2019, 7 (2): 21-29.

［64］Xueying Y, Zhongfei L, Jinhua X, et al. ESG disclosure and corporate financial irregularities-Evidence from Chinese listed firms ［J］. Journal of Cleaner Production, 2022, 332: 129992.

［65］Yasser Eliwa, Ahmed Aboud, Ahmed Saleh. ESG practices and the cost of debt: Evidence from EU countries ［J］. Critical Perspectives on Accounting, 2019, 79 (3): 102097.

［66］Youngkyung Ok, Jungmu Kim. Which Corporate Social Responsibility Performance Affects the Cost of Equity? Evidence from Korea ［J］. Sustainability, 2019, 11 (10): 29-47.

［67］Yuan X, Li Z, Xu J, et al. ESG disclosure and corporate financial irregularities-Evidence from Chinese listed firms ［J］. Journal of cleaner production, 2022 (15): 332.

［68］Yuan X, Li Z, Xu J, et al. ESG disclosure and corporate financial irregularities-Evidencefrom Chinese listed firms ［J］. Journal of Cleaner Production, 2022, 332: 129992.

［69］Hadlock C J, Pierce J R. New Evidence on Measuring Financial Constraints: Moving beyond the KZ Index ［J］. The Review of Financial Studies,

2010, 23 (5): 1909-1940.

[70] 安国俊, 华超, 张飞雄, 郭沛源, 王骏娴, 苟明宇. 碳中和目标下 ESG 体系对资本市场影响研究——基于不同行业的比较分析 [J]. 金融理论与实践, 2022 (3): 48-61.

[71] 卜国臣, 李鹏举. 高管性别对企业价值的影响——基于审计质量的中介效应 [J]. 生产力研究, 2022 (1): 150-155.

[72] 蔡海静, 王雪青. F 公司 ESG 信息披露的探索实践及经验启示 [J]. 财务与会计, 2021 (21): 30-32.

[73] 曹亚勇, 王建琼, 于丽丽. 公司社会责任信息披露与投资效率的实证研究 [J]. 管理世界, 2012 (12): 183-185.

[74] 陈汉文. 证券市场与会计监管 [M]. 中国财政经济出版社, 2001.

[75] 陈红, 张凌霄. ESG 表现、数字化转型与企业价值提升 [J]. 中南财经政法大学学报, 2023 (3): 136-149.

[76] 陈俊. 制度变迁、市场需求与独立审计质量的改善 [M]. 浙江工商大学出版社, 2018.

[77] 陈峻, 杨旭东, 张志宏. 环境不确定性、企业社会责任与审计收费 [J]. 审计研究, 2016 (4): 61-66.

[78] 陈玲芳, 于海楠. ESG 表现、融资约束与企业绩效 [J]. 会计之友, 2022 (22): 24-30.

[79] 陈明利, 梅世云, 伍旭川. 融资模式对融资约束与融资效率的影响——基于沪深两市的实证研究 [J]. 上海经济研究, 2018 (4): 83-95.

[80] 陈少凌, 李广众, 杨海生, 梁伟娟. 规制性壁垒、异质不确定性与企业过度投资 [J]. 经济研究, 2021 (5): 162-179.

[81] 陈运森, 谢德仁. 网络位置、独立董事治理与投资效率 [J]. 管理世界, 2011 (7): 113-127.

[82] 陈子怡. 智能化、全要素生产率与企业价值 [D]. 浙江大学, 2022.

[83] 程廷福, 池国华. 价值评估中企业价值的理论界定 [J]. 财会月刊,

2004（11）：8-9.

［84］崔凌瑜，祝志勇．新经济形势下企业社会责任报告披露、融资约束与投资效率：基于制度环境视角［J/OL］.工程管理科技前沿，2022，41（2）：70-76.

［85］崔巍，贺琰．危机时期企业社会责任与股票收益的关系研究［J］.财经理论与实践，2021，42（6）：59-66.

［86］代昀昊，孔东民．高管海外经历是否能提升企业投资效率［J］.世界经济，2017（1）：168-192.

［87］窦炜，马莉莉，何云霜．审计质量、终极控制人与投资效率［J］.华中农业大学学报（社会科学版），2016（2）：126-133+139.

［88］杜闪，王站杰．企业社会责任披露、投资效率和企业创新［J］.贵州财经大学学报，2021（1）：52-62.

［89］杜永红．"双碳"目标约束下的ESG审计研究［J］.哈尔滨工业大学学报（社会科学版），2022，24（2）：154-160.

［90］范亚东，魏玮.ESG表现对企业价值的影响研究：基于CEO权力的视角［J］.商业会计，2023（13）：4-11.

［91］方先明，胡丁．企业ESG表现与创新——来自A股上市公司的证据［J］.经济研究，2023，58（2）：91-106.

［92］方钰琳，王健姝．企业ESG信息披露案例研究——以Z银行为例［J］.商业会计，2022（19）：34-37.

［93］冯晓晴，文雯．国有机构投资者持股能提升企业投资效率吗？［J］.经济管理，2022（1）：65-84.

［94］冯银波，李刚，叶陈刚．审计质量度量研究文献综述［J］.西安财经大学学报，2021，34（5）：39-51.

［95］冯银波，叶陈刚．审计师声誉、行业专长与审计定价［J］.西安财经学院学报，2018，31（5）：32-40.

［96］高凡雅，田高良，王喜．中小企业履行社会责任能缓解融资约束吗？［J］.科学学与科学技术管理，2017，38（6）：133-143.

［97］高建来，王有源．环境信息披露指数对企业价值的影响研究［J］．生态经济，2019，35（6）：157-161.

［98］葛永波，曹婷婷，陈磊，等．民营企业融资约束缓解：社会责任信息披露可以替代政治关联吗？［J］．山东社会科学，2020（2）：73-80.

［99］顾雷雷，郭建鸾，王鸿宇．企业社会责任、融资约束与企业金融化［J］．金融研究，2020（2）：109-127.

［100］关雪梅，田国双，田贵贤．基于动态内生性视角的林业上市公司社会责任与投资效率研究［J］．林业经济，2019，41（8）：108-119.

［101］郭丽虹，刘婷．强制分红政策、融资约束与投资效率［J］．上海财经大学学报，2019，21（1）：95-106.

［102］韩金红，姜云燕．社会责任信息披露与企业投资效率——基于新疆上市企业的经验证据［J］．财会通讯，2020（8）：75-79.

［103］韩松．ESG披露体系中国化的影响指标及优化路径分析［D］．北京外国语大学，2022.

［104］韩文才，汤琦瑾．公司社会责任对审计收费与审计意见影响的实证研究［J］．新疆财经，2013（5）：30-38.

［105］花拥军，王冰，李庆．企业社会责任、经济政策不确定性与融资约束——基于社会责任"累积-保险"效应的研究视角［J］．南方经济，2020（11）：116-131.

［106］黄妍，陈鑫．中小企业内部审计质量与企业价值的实证研究［J］．经营与管理，2015（6）：98-101.

［107］姜付秀，石贝贝，马云飙．信息发布者的财务经历与企业融资约束［J］．经济研究，2016（6）：83-97.

［108］解维敏．中国企业投资效率省际差异及影响因素研究［J］．数量经济技术经济研究，2018（9）：41-59.

［109］柯杰．企业社会责任、审计质量与投资效率［D］．江西财经大学，2019.

[110] 兰磊磊.H 公司 ESG 信息披露质量评价研究［D］.北方工业大学，2022.

[111] 冷建飞，高云.融资约束下企业社会责任信息披露质量与创新持续性——中小板企业数据分析［J］.科技进步与对策，2019，36（11）：77-84.

[112] 李佳霖，董嘉昌，张倩肖.经济政策不确定性、融资约束与企业投资［J］.统计与信息论坛，2019，34（10）：73-83.

[113] 李井林，阳镇，陈劲，等.ESG 促进企业绩效的机制研究：基于企业创新的视角［J］.科学学与科学技术管理，2021，42（9）：71-89.

[114] 李茜，徐佳铭，熊杰，刘海鑫.企业社会责任一致性对财务绩效的影响研究［J］.管理学报，2022，19（2）：245-253.

[115] 李姝，赵颖，童婧.社会责任报告降低了企业权益资本成本吗？——来自中国资本市场的经验证据［J］.会计研究，2013（9）：64-70+97.

[116] 李思佳.我国食品企业 ESG 披露问题的多案例研究［D］.南京审计大学，2021.

[117] 李震，黄俊荣.控股股东股权质押、审计质量与企业价值［J］.山东纺织经济，2022，39（6）：5-9+18.

[118] 李志斌，邵雨萌，李宗泽等.ESG 信息披露、媒体监督与企业融资约束［J］.科学决策，2022（7）：1-26.

[119] 李志学，刘雪瓶，张嘉伟.企业 ESG 表现是否影响审计意见？［J］.西安石油大学学报（社会科学版），2023，32（3）：60-68.

[120] 李仲泽，陈钦源，王跃堂.新冠肺炎疫情冲击下融资约束与公司价值的关系［J］.河海大学学报（哲学社会科学版），2021，23（1）：41-49+106.

[121] 连玉君，程建.投资-现金流敏感性：融资约束还是代理成本？［J］.财经研究，2007（2）：37-46.

[122] 连玉君，苏治.融资约束、不确定性与上市公司投资效率［J］.管理评论，2009，21（1）：19-26.

[123] 梁民翰.基于 ESG 信息披露视角下紫金矿业融资约束案例分析［D］.

广州大学，2022.

［124］廖婧琳，胡妍，项后军．数字普惠金融发展缓解了企业融资约束吗？——基于企业社会责任的调节效应［J］．云南财经大学学报，2020，36（9）：73-87.

［125］廖义刚，杨小燕，黄洁．债务治理、高质量审计与公司价值？——来自我国 A 股上市公司的经验证据［J］．江西财经大学学报，2012（4）：29-37.

［126］林艳，王政丹，李炜．管理层权力、现金股利与投资-现金流敏感性［J］．财会月刊，2019（6）：7-16.

［127］刘柏，刘畅．企业社会责任、地区社会信任与融资约束［J］．软科学，2019，33（5）：55-58.

［128］刘柏，卢家锐，琚涛．形式主义还是实质主义：ESG 评级软监管下的绿色创新研究［J/OL］．南开管理评论，2022，1-24.

［129］刘慧芳，李丽．审计质量与企业投资效率［J］．煤炭经济研究，2022，42（10）：73-80.

［130］刘慧，綦建红．"竞争友好型"产业政策更有利于企业投资效率提升吗——基于公平竞争审查制度的准自然实验［J］．财贸经济，2022，43（9）：101-116.

［131］刘启亮，李祎，张建平．媒体负面报道、诉讼风险与审计契约稳定性——基于外部治理视角的研究［J］．管理世界，2013（11）：144-154.

［132］刘威，张玉．社会责任、审计质量与债务融资成本——来自沪市 A 股制造业上市公司的经验数据［J］．商业会计，2020（18）：48-51.

［133］刘秀莉．创业板上市公司社会责任与盈余管理［J］．企业经济，2014（7）：172-175.

［134］刘长翠，孔晓婷．社会责任会计信息披露的实证研究——来自沪市 2002-2004 年度的经验数据［J］．会计研究，2006（10）：36-43+95.

［135］刘卓聪，叶陈刚，谢泽敏等．上市公司 ESG 评级对企业价值的影响研究［J］．中国注册会计师，2023（3）：24-30.

［136］龙丽君．扶贫视角下融资约束对企业价值的影响［J］．绿色财会，2022（6）：21-26.

［137］卢盛峰，陈思霞．政府偏袒缓解了企业融资约束吗？——来自中国的准自然实验［J］．管理世界，2017（5）：51-65+187-188.

［138］陆正飞，施瑜．从财务评价体系看上市公司价值决定——"双高"企业与传统企业的比较［J］．会计研究，2002（5）：18-23+64.

［139］欧阳志刚，薛龙．货币政策、融资约束与中小企业投资效率［J］．证券市场导报，2016（6）：11-18.

［140］潘越，汤旭东，宁博，杨玲玲．连锁股东与企业投资效率：治理协同还是竞争合谋［J］．中国工业经济，2020（2）：136-164.

［141］綦建红，赵雨婷．融资约束、政府补贴与中国企业海外投资效率——基于单边与双边随机前沿模型［J］．统计与信息论坛，2021，36（5）：45-58.

［142］潜力，涂艳．企业规模与融资约束——基于随机前沿方法的分析［J］．财会月刊，2016（27）：58-62.

［143］邱牧远，殷红．生态文明建设背景下企业 ESG 表现与融资成本［J］．数量经济技术经济研究，2019，36（3）：108-123.

［144］冉杰．企业社会责任、股权结构与非效率投资［J］．财会通讯，2017（33）：46-50.

［145］任春艳．从企业投资效率看盈余管理的经济后果——来自中国上市公司的经验证据［J］．财经研究，2012，38（2）：61-70.

［146］任力，洪喆．环境信息披露对企业价值的影响研究［J］．经济管理，2017，39（3）：34-47.

［147］任萍，宁晨昊，罗宁．ESG 表现、媒体关注与审计收费［J］．会计之友，2023（11）：127-134.

［148］邵建军，张世焦．企业履行社会责任的质量与融资约束关系研究——基于信息不对称与金融市场发展水平［J］．财会通讯，2019（12）：103-107.

［149］沈洪涛，苏亮德．企业信息披露中的模仿行为研究——基于制度理论

的分析［J］.南开管理评论，2012，15（3）：82-90+100.

［150］盛明泉，余璐，王文兵.ESG与家族企业全要素生产率［J］.财务研究，2022（2）：58-67.

［151］孙书章，侯豫霖.不同市场条件下的ESG投资模式有效性分析［J］.征信，2021，39（9）：81-88.

［152］孙岩.社会责任信息披露的清晰性、第三方鉴证与个体投资者的投资决策——一项实验证据［J］.审计研究，2012（4）：97-104.

［153］唐华.审计质量能改善上市公司投资效率吗［J］.会计之友，2019，608（8）：20-25.

［154］唐凯桃，宁佳莉，王垒.上市公司ESG评级与审计报告决策——基于信息生成和信息披露行为的视角［J］.上海财经大学学报，2023，25（2）：107-121.

［155］唐凯桃，宁佳莉，王垒.上市公司ESG评级与审计报告决策—基于信息生成和信息披露行为的视角［J］.上海财经大学学报，2023，25（2）：107-121.

［156］陶春华，陈鑫，黎昌贵.ESG评级、媒体关注与审计费用［J］.会计之友，2023（6）：143-151.

［157］仝佳.ESG表现、融资约束与企业价值分析［J］.商讯，2021（29）：89-91.

［158］万寿义，刘正阳.制度背景、公司价值与社会责任成本——来自沪深300指数上市公司的经验证据［J］.南开管理评论，2013，16（1）：83-91+121.

［159］王波，杨茂佳.ESG表现对企业价值的影响机制研究——来自我国A股上市公司的经验证据［J］.软科学，2022，36（6）：78-84.

［160］王凯，张志伟.国内外ESG评级现状、比较及展望［J］.财会月刊，2022（2）：137-143.

［161］王琳璘，廉永辉，董捷.ESG表现对企业价值的影响机制研究［J］.证券市场导报，2022（5）：23-34.

[162] 王鹏，张俊瑞，周龙．企业价值概念、影响因素及其计量：综述与展望 [J]．财会月刊，2012（30）：87-90.

[163] 王蓉．企业 ESG 表现与非效率投资水平研究 [J]．企业经济，2022，41（6）：89-100.

[164] 王瑶，张允萌，侯德帅．企业 ESG 表现会影响审计意见吗？[J]．审计与经济研究，2022，37（5）：54-64.

[165] 温忠麟，叶宝娟．中介效应分析：方法和模型发展 [J]．心理科学进展，2014，22（5）：731-745.

[166] 温忠麟，张雷，侯杰泰，等．中介效应检验程序及其应用 [J]．心理学报，2004（5）：614-620.

[167] 吴良海，张玉，吕丹丽，谢志华．环境污染、公益性捐赠与"清洁"审计意见——来自中国 A 股市场的经验证据 [J]．审计与经济研究，2017，32（6）：31-42.

[168] 晓芳，兰凤云，施雯等．上市公司的 ESG 评级会影响审计收费吗？——基于 ESG 评级事件的准自然实验 [J]．审计研究，2021（3）：41-50.

[169] 肖翔，赵天骄，贾丽桓．社会责任信息披露与融资成本 [J]．北京工商大学学报（社会科学版），2019，34（5）：69-80+103.

[170] 谢红军，吕雪．负责任的国际投资：ESG 与中国 OFDI [J]．经济研究，2022，57（3）：83-99.

[171] 谢伟峰，陈省宏．企业社会责任、盈余管理与公司投资效率关系研究——中国 A 股上市公司的证据 [J]．企业经济，2021，40（9）：33-44.

[172] 徐光伟，殷皓洲，刘星．社会责任承担与企业投资效率：基于利益相关者理论的解释 [J]．技术经济，2021，40（10）：162-172.

[173] 徐素波，王国庆．经济政策不确定性与企业 ESG 实践 [J]．财会通讯，2023（20）：40-45.

[174] 徐雪高，王志斌．境外企业 ESG 信息披露的主要做法及启示 [J]．宏观经济管理，2022（2）：83-90.

［175］徐珍珍．融资约束、研发投入和我国制造业企业价值［J］．经营与管理，2023（2）：36-41．

［176］闫晓．企业 ESG 表现对企业价值影响的研究［D］．山东财经大学，2022．

［177］颜剩勇，王典．"一带一路"企业社会责任、融资约束与投资效率［J］．财经科学，2021（2）：45-55．

［178］杨汉明，吴丹红．企业社会责任信息披露的制度动因及路径选择——基于"制度同形"的分析框架［J］．中南财经政法大学学报，2015（1）：55-62+159．

［179］杨思瑜．社会责任、融资约束与企业投资行为［D］．浙江工商大学，2015．

［180］姚立杰，陈雪颖，周颖，陈小军．管理层能力与投资效率［J］．会计研究，2020（4）：100-118．

［181］伊凌雪，蒋艺翅，姚树洁．企业 ESG 实践的价值创造效应研究——基于外部压力视角的检验［J］．南方经济，2022（10）：93-110．

［182］于俊秋，王莹．生态文明视角下企业 ESG 表现对企业价值的影响研究——以京津冀制造业上市公司为例［J］．财经理论研究，2021（2）：81-91．

［183］袁蓉丽，江纳，刘梦瑶．ESG 研究综述与展望［J］．财会月刊，2022，933（17）：128-134．

［184］苑泽明，刘甲，张淑溢．高质量发展下企业 ESG 表现的价值效应及机制研究［J］．会计之友，2023（18）：81-89．

［185］曾爱民，魏志华．融资约束、财务柔性与企业投资-现金流敏感性——理论分析及来自中国上市公司的经验证据［J］．财经研究，2013，39（11）：48-58．

［186］曾秋根，杨倩．上市公司 ESG 评级对股票收益率的影响研究［J］．当代经济，2023，40（5）：94-100．

［187］张晨，傅丽菡，郑宝红．上市公司慈善捐赠动机：利他还是利己——

基于中国上市公司盈余管理的经验证据［J］. 审计与经济研究，2018，33（2）：69-80.

［188］张多蕾，胡公瑾. 企业社会责任、投资者异质信念与融资约束［J］. 商业研究，2020（9）：132-141.

［189］张洁. 社会责任信息披露、融资约束与企业投资效率［D］. 东北财经大学，2016.

［190］张晓琳，温洁，翟淑萍. 董事高管责任保险与企业融资约束［J］. 金融与经济，2020（4）：75-83.

［191］张馨元，史桂芬，薛佳欣. 经济政策不确定冲击下 ESG 表现与企业投融资［J］. 税务与经济，2023（3）：75-83.

［192］张一恒. 新审计准则实施对审计质量影响的实证研究［D］. 安徽财经大学，2020.

［193］张瀛戈. M 银行 ESG 信息披露案例研究［D］. 中国财政科学研究院，2022.

［194］张长江，徐品，毕苗. 上市公司 ESG 信息披露研究综述：理论、动因与效应［J］. 财会通讯，2022，898（14）：9-15.

［195］张正勇，吉利，毛洪涛. 公司社会责任信息披露与经济动机研究——来自中国上市公司社会责任报告的经验证据［J］. 证券市场导报，2012（7）：16-23

［196］赵立韦. 财务管理理论与实务［M］. 西南交通大学出版社，2018.

［197］赵天骄，肖翔，姜钰羡. 企业社会责任与企业投资水平——基于企业生命周期的视角［J］. 北京理工大学学报（社会科学版），2019（6）：107-11.

［198］郑琼，刘春颖. ESG 体系下环境管理会计研究——以 A 公司为例［J］. 商业会计，2021（23）：26-29.

［199］钟杰可，万国超. ESG 评级能影响审计师意见决策吗？［J］. 中国集体经济，2023（19）：88-92.

［200］周雪，马舜羿. 企业社会责任、现金股利与投资效率［J］. 技术经

济，2019，38（11）：22-32.

[201] 周中胜，罗正英，周秀园，沈阳．内部控制、企业投资与公司期权价值！[J]．会计研究，2017（12）：38-44+96.

[202] 朱敏，刘拯，施先旺．披露社会责任信息会影响审计收费吗——基于中国上市公司的经验证据 [J]．山西财经大学学报，2015，37（12）：113-124.

[203] 庄旭东，段军山．社会责任承担、环境不确定性与企业投资效率——经营稳定性保险效应与异质性影响分析 [J]．当代经济科学，2022，44（2）：36-50.